## 글 김성훈

재미있고 유익한 학습만화 스토리 창작에 전념하고 있습니다. 하나포스 웹툰 〈엽기발랄 오피스걸〉의 기획과 시나리오를 진행했습니다. 작품으로는 《세상을 바꾼 큰 걸음 넬슨 만델라》, 《Why? 교과서 6학년 국어》 등이 있습니다.

## 그림 이종원

1996년 잡지 〈빅점프〉 연재를 시작으로 학습, 코믹 등 다양한 장르의 만화를 그리고 있습니다. 작품으로 《아기공룡 둘리 과학대탐험 1, 2》, 《아기공룡 둘리 세계대탐험 3》, 《황금교실 화학반응》, 《통째로 한국사 6》, 《Why? 국가와 국기》 등이 있습니다.

**감수 경기초등사회과연구회**
**진로 탐색 감수 이랑**(한국고용정보원 전임연구원)
**추천 송인섭**(숙명 여자 대학교 명예 교수)

 세계 인물

임마누엘 칸트

**개정판 1쇄 인쇄** 2024년 11월 15일
**개정판 1쇄 발행** 2025년 1월 1일

**글** 김성훈 **그림** 이종원

**펴낸이** 김선식
**펴낸곳** 다산북스

**부사장** 김은영
**어린이사업부총괄이사** 이유남
**책임편집** 박세미 **디자인** 김은지 **책임마케터** 김희연
**어린이콘텐츠사업1팀장** 박정민 **어린이콘텐츠사업1팀** 김은지 박세미 강푸른
**마케팅본부장** 권장규 **마케팅3팀** 최민용 안호성 박상준 김희연
**편집관리팀** 조세현 김호주 백설희 **저작권팀** 이슬 윤제희 **제휴홍보팀** 류승은 문윤정 이예주
**재무관리팀** 하미선 김재경 임혜정 이슬기 김주영 오지수
**인사총무팀** 강미숙 이정환 김혜진 황종원
**제작관리팀** 이소현 김소영 김진경 최완규 이지우 박예찬
**물류관리팀** 김형기 김선민 주정훈 김선진 한유현 전태연 양문현 이민운

**출판등록** 2005년 12월 23일 제313-2005-00277호
**주소** 경기도 파주시 회동길 490
**전화** 02-704-1724 **팩스** 02-703-2219
**다산어린이 카페** cafe.naver.com/dasankids **다산어린이 블로그** blog.naver.com/stdasan
**종이** 신승NC **인쇄** 북토리 **코팅 및 후가공** 평창피앤지 **제본** 대원바인더리

**ISBN** 979-11-306-5823-0 14990

| KC | **품명**: 도서 | **제조자명**: 다산북스 |
| --- | --- | --- |
| | **제조국명**: 대한민국 | **전화번호**: 02)704-1724 |
| | **주소**: 경기도 파주시 회동길 490 | |
| | **제조년월**: 판권 별도 표기 | **사용연령**: 8세 이상 |

※ KC마크는 이 제품이 공통안전기준에 적합하였음을 의미합니다.

# 임마누엘 칸트

Immanuel Kant

다산
어린이

# 자신만의 멘토를 만날 수 있는
# who? 시리즈

다산어린이의 〈who?〉 시리즈는 어린이들은 물론 어른들에게도 재미와 감동을 주는 교양 만화입니다. 〈who?〉 시리즈는 전 세계 인류에 영향력을 끼친 인물들로 구성되었으며 인물들의 삶과 사상을 객관적으로 전해 줍니다.

이처럼 다양한 나라와 분야에서 활약한 위인들의 이야기를 통해 과학, 예술, 정치, 사상에 관한 정보는 물론이고, 나라별 문화와 역사까지 배우게 될 것입니다. 〈who?〉 시리즈의 가장 큰 장점은 위인들이 그들의 삶에서 겪은 기쁨과 슬픔, 좌절과 시련, 감동을 어린이들이 함께 느낄 수 있다는 것입니다. 어린이들은 이 책을 읽으면서 폭넓은 감수성을 함양하게 됩니다.

〈who?〉 시리즈의 어린이 독자들이 책 속의 위인들을 통해 자신만의 멘토를 만나 미래의 세계적인 리더로 성장하기를 진심으로 응원합니다.

**존 덩컨** 미국 UCLA 동아시아학부 교수

존 덩컨(John B. Duncan) 교수는 한국학 분야의 세계적인 석학으로 미국 UCLA 한국학 연구소 소장 및 동 대학의 동아시아학부 교수를 겸직하고 있습니다. 하버드 대학교 교환 교수와 고려 대학교 해외 교육 프로그램 연구센터장을 역임했으며, 주요 저서로는 《조선 왕조의 기원》, 《조선 왕조의 시민 행정의 제도적 기초》 등이 있습니다.

# 세상을 더 나은 곳으로 만든 사람들의 이야기

어린이들은 자라면서 수많은 궁금증을 가지게 됩니다. 그중에서도 "저 사람은 누굴까?"라는 질문은 종종 아이들의 머릿속을 온통 지배해 버리기도 합니다. 다산어린이에서 출간된 〈who?〉 시리즈는 그런 궁금증을 해결해 주기 위해 지구촌 다양한 분야의 리더들을 소개하고 있습니다.

〈who?〉 시리즈에 등장하는 인물들은 인종과 성별을 넘어 세상을 더 나은 곳으로 만든 사람들입니다. 어린이들은 이 책에서 디지털 아이콘으로 불리는 스티브 잡스는 물론 니콜라 테슬라와 같은 천재 발명가를 만날 수 있습니다.

책 속 주인공들의 어린 시절 이야기를 통해 도전과 성취감을 함께 맛보고, 그들과 함께 성장하면서 스스로 창조적이고 인류에 도움이 되는 사람이 되겠다는 포부와 자신감을 갖게 될 것입니다.

〈who?〉 시리즈 속에서 다채롭고 생동감 넘치는 위인들의 이야기를 만나 보세요.

**에드워드 슐츠** 하와이 주립 대학교 언어학부 교수

에드워드 슐츠(Edward J. Shultz) 하와이 주립 대학교 언어학부 교수는 동 대학의 한국학센터 한국학 편집장을 역임한 세계적인 석학입니다. 평화봉사단 활동의 하나로 한국에서 영어 교사로 근무한 경험이 있으며, 현재 한국과 미국, 일본을 오가며 활발한 활동을 펼치고 있습니다. 저서로는 《중세 한국의 학자와 군사령관》, 《김부식과 삼국사기》 등이 있고, 한국 중세사와 정치에 대한 다수의 기고문을 출간했습니다.

# 미래 설계의 힘을 얻는 길이
# 여기에 있습니다

어린이가 성장하는 시기에는 스스로 미래를 설계하며 다양한 책을
접하는 경험이 필요합니다.

어린 시절 만난 한 권의 책이 인생에 미치는 영향이 얼마나 큰지는
꿈을 이룬 사람들의 말을 통해서 알 수 있습니다. 빌 게이츠는 오늘날
자신을 만든 것은 동네의 작은 도서관이었다고 말하고, 오프라 윈프리는
어린 시절 유일한 친구는 책이었음을 고백하며 독서의 중요성에 대해
이야기합니다.

꿈을 이룬 사람들의 공통점은 또 있습니다. 그들에게는 어린 시절,
마음속에 품은 롤 모델이 있었습니다. 여러분의 롤 모델은 누구인가요?
〈who?〉 시리즈에서는 현재 우리 어린이들이 가장 닮고 싶어하는 롤
모델을 만날 수 있습니다. 버락 오바마, 빌 게이츠, 조앤 롤링, 스티브
잡스 등 세상을 바꾼 사람들의 감동적인 이야기를 담은 〈who?〉 시리즈는
어린이들이 구체적인 목표를 설정하고 희망찬 비전을 세울 수 있도록
도와줄 친구이며 안내자입니다. 〈who?〉 시리즈를 통하여 자신의 인생
모델을 찾고 미래 설계의 힘을 얻을 수 있습니다.

**송인섭** 숙명 여자 대학교 명예 교수

숙명 여자 대학교 명예 교수이자 한국영재교육학회 회장으로
자기주도학습 분야의 최고 권위자입니다. 한국교육심리연구회
회장, 한국교육평가학회 회장, 한국영재연구원 원장을 역임했습니다.
자기주도학습과 영재 교육의 이론을 실제 교육 현장에 적용하기 위해
노력하고 있습니다.

# 평생을 이끌어 줄
# 최고의 멘토를 만날 수 있는 책

10대에 가장 중요한 것은 무엇일까요? 학과 공부와 입시일까요? 우리나라 최초의 국제회의 통역사로 30년 동안 활동하면서 글로벌 리더들을 만날 기회가 수없이 많았던 저는 대한민국의 초등학생들에게 특별한 조언을 해 주고 싶습니다. 그것은 큰 꿈을 가지는 것이 무엇보다 중요하다는 것입니다.

꿈은 힘들고 지칠 때 나를 이끌어 주는 힘이고 내 인생의 주인이 되어 일어설 수 있게 하는 원동력이 되어 줍니다. 꿈이 있는 아이가 공부도 잘하고 결국 그 꿈을 실현할 수 있게 되는 것입니다. 저 역시 어린 시절 품었던 꿈이 지금의 자리에 있게 한 원동력이었습니다. 남들이 모르는 큰 꿈을 마음속에 간직하고 있었기에 괴롭고 힘들어도 포기하지 않고 다시 일어설 수 있었습니다.

어린 시절 저에게도 힘들고 지칠 때마다 용기를 불어넣어 주고 힘이 되어 주었던 분들이 있었습니다. 지금의 자리로 저를 이끌어 준 멘토들처럼 〈who?〉 시리즈에서 여러분의 친구이자 형제, 선생이 되어 줄 멘토를 만날 수 있기를 바랍니다.

**최정화** 한국 외국어 대학교 교수

우리나라 최초의 국제회의 통역사로 현재 한국 외국어 대학교 통번역대학원 교수로 재직 중입니다. 세계 무대에서 자신의 꿈을 이룬 여성 신화의 주인공으로, 역시 세계에서 꿈을 펼치려고 하는 청소년들에게 멘토로서의 역할을 충실히 하고 있습니다. 저서로는 《외국어 내 아이도 잘할 수 있다》, 《외국어를 알면 세계가 좁다》, 《국제회의 통역사 되는 길》 등이 있습니다.

Immanuel
Kant

# 임마누엘 칸트

서양 철학의 정점을 찍었다고 할 수 있는 칸트의 철학은 지금도 여전히 많은 사람들에게 깨우침을 주고 있어요. 칸트는 평생 공부와 연구를 하며 철학에 평생을 바쳤어요. 항상 규칙적인 생활을 한 완벽주의자 칸트의 삶을 들여다보아요.

- 이름: 임마누엘 칸트
- 생몰년: 1724~1804년
- 국적: 독일
- 직업·활동 분야: 철학자
- 주요 업적: 비판 철학 창시, 서양 근대철학을 종합

## 안나 레지나 로이터

칸트의 어머니는 그에게 정신적인 영향을 미쳤어요. 주입식 교육이 아닌, 스스로 생각하고 답을 얻을 수 있도록 많은 도움을 주었지요. 비록 칸트가 어렸을 때 돌아가셨지만, 칸트를 더욱 강하게 만들어 주었답니다.

## 마틴 크누첸

칸트가 돈이 없어 책을 사지 못할 때, 본인의 서재를 개방하여 마음껏 책을 읽을 수 있도록 배려해 준 교수님이에요. 칸트의 롤 모델이 되어, 칸트가 교수가 된 후에는 크누첸 교수님처럼 형편이 어려운 학생들에게 지원을 아끼지 않았어요.

## 들어가는 말

- 가난한 형편에도 공부를 향한 열정을 계속 불태울 수 있었던 칸트의 집념을 느껴 보아요.
- 칸트의 창작 행위를 막았던 당시 시대 상황을 통해 프랑스 혁명과 세계 대전이 가진 의의에 대해 알아보아요.
- 칸트의 삶과 철학을 지켜보며, 철학자가 되려면 어떤 덕목이 필요한지 생각해 볼까요?

# 꼬마 철학자 임마누엘

**1**

임마누엘 칸트는 1724년 4월 22일, 프로이센 왕국의 쾨니히스베르크에서 태어났습니다. 임마누엘의 아버지는 말안장을 만드는 수공업자였습니다.

아빠, 그게 뭐예요?

이건 말을 부릴 때 쓰는 가죽끈이야.

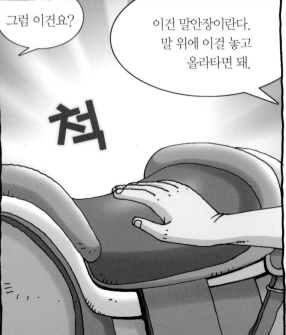

그럼 이건요?

이건 말안장이란다. 말 위에 이걸 놓고 올라타면 돼.

드디어 다 만들었군.

와, 정말 멋있어요!

나처럼 장인 정신을 가지고 공들여야 튼튼한 말안장을 만들 수 있어.

척

장인 정신요?

그래. 온 마음을 다 쏟아 물건을 만드는 것, 그것이 바로 장인 정신이야.

임마누엘의 아버지는 수공업자들 사이에서 명성이 대단했습니다. 부지런하고 덕망이 높은 사람이었기 때문입니다.

아빠, 말안장에 올라타 봐도 돼요?

저도 말 타고 싶어요!

좋아. 하지만 임마누엘은 몸이 약하니, 조심해서 타렴.

하지만 신나게 말을 타고 돌아온 임마누엘은 끙끙 앓았습니다. 임마누엘은 태어날 때부터 몸이 허약했고, 심장과 호흡기가 좋지 않아 자주 고생했습니다.

임마누엘,
푹 쉬고 나면
괜찮아질 거야.

하
아...

엄마, 아빠......
이렇게 자주 아프다가,
키도 안 크고 어른이
못 되면 어떡하죠?

그런 말이 어디 있어.
우리 임마누엘은 누구보다도
건강하게 자랄 테니
걱정 마.

안 되겠소. 앞으로는 임마누엘에게 규칙적으로
운동할 수 있는 시간을 마련해 줘야겠어요.

좋은 생각이에요.

임마누엘,
바깥에서 뛰어노는 시간,
산책하는 시간, 공부하는
시간을 정해 두어서
네가 규칙적인
생활을 할 수 있도록
도와줄게.

부모님은 임마누엘의 시간 관리를 엄격하게
해서, 임마누엘이 건강해질 수 있게 도왔습니다.

와, 이 맑은 공기!
정말 좋아요!

임마누엘은 시간과 날짜를 정해 어머니와
산책을 나가곤 했습니다. 산책을 하며 어머니는
임마누엘에게 새로운 사실을 알려 주었습니다.

자연은 우리가 살아가는 데 필요한
많은 것들을 준단다.

그러니 우리는
자연에 항상
감사하는 마음을
가져야 하겠지?

네, 엄마.
꼭 기억할게요.

이건 약초로 쓰이는
천사초라고 해.

아주 옛날 몹쓸 전염병이 돌 때, 꿈속에서
천사가 나타나 도를 닦는 수도사에게 이 풀을
전해 줬다는 전설을 가지고 있지.

아하!
그래서 이름이
천사초구나.

와~
좋은 향이 나요!

그래. 천사초는 혈액 순환에 좋고
몸을 따뜻하게 해 준단다.
잠이 안 올 때에도 효과가 있지.

엄마, 저녁노을이
정말 예뻐요!

그렇네. 조금 있으면
예쁜 별이 뜨겠구나.

자연은 참 신비로운 것
같아요. 노을이 지고,
별이 뜨고, 해가 뜨고.

엄마, 이런
자연은 누가
만들었을까요?

호호, 임마누엘은
참 궁금한 것이 많구나.

꼬마 철학자 임마누엘 **17**

궁금한 게 있을 땐 눈을 감고
천천히 생각해 보렴.

세상의 수많은 비밀을 어떻게 하면 풀 수 있을지
가만히 생각해 보는 거야.

아, 모르겠어요.
엄마가 답을 알려 주세요.

임마누엘,
우리 이 책을
같이 볼까?

여기에 답이
있어요?

글쎄, 책 속에서 답을
찾을 수도 있겠지.

책을 읽고
답을 꼭
찾아봐야지!

호기심 많은
우리 임마누엘.
하느님, 우리
아이가 스스로
답을 찾는 현명한
사람이 되도록
도와주세요.

아빠, 산책 다녀왔어요.

오오, 왔구나.

올라가서 좀 쉬다가, 이따 말안장 새로 만들 때 구경 오너라.

저희도 봐도 돼요?

전 공부보다 말안장 만드는 게 더 재미있어요.

되고 말고. 임마누엘은 특히 자주 오렴. 나중에 말안장을 만들 거니까.

올라가서 좀 쉬다 내려와.

네, 엄마.

난 공부가 더 재미있는데……

그러던 어느 날, 임마누엘은 아버지가 말안장 판매상과 실랑이를 벌이는 모습을 보게 되었습니다.

한꺼번에 이렇게 많이 사는데, 좀 깎아 주세요.

우리 집에서 만드는 말안장은 최고급품입니다. 여러 개를 샀다고 해서 값을 깎는 일은 한 번도 없었어요.

제값을 치러도 후회 없을 테니, 날 믿어 보세요.

그럼 어쩔 수 없죠. 전 흥정이 안 되면 말안장을 안 살 거요. 수레에 실린 말안장을 다시 내리시든가요.

뭐라고요? 몇 시간 걸려 실은 것을……

말안장을 다시 내려놓든, 이 말안장을 그냥 싼값에 팔든 당신 마음대로 해요.

그게 말이 됩니까?

저 사람 봐! 막무가내로 자기 의견만 내세우잖아.

저 사람은 옳지 못한 행동을 하고 있어.

임마누엘, 여기서 뭐 해?

밥 먹으러 가야지.

어?

두 두 두

여보, 오늘 말안장을 다 팔아넘겼소.

결국 말안장 가격을 깎아서 파셨구나…….

아빠, 저는 좀 이해가 가지 않는 게 있어요.

그래? 말해 보렴.

우리가 정성을 들여서 만든 말안장의 값을, 상인은 정직하지 못한 방법으로 깎으려고 했어요.

아빠는 평소에 정직이 중요하다고 하셨잖아요. 그런데 정직하지 못한 사람이 이득을 본 것 같았어요.

그런 일이 있었어요?

요즘 상인들이 값을 무리하게 깎으려고 한다더니, 그게 정말이었네요.

임마누엘, 네 말이 맞아. 나도 처음에는 말안장의 가치를 알아봐 주지 않고 막무가내로 대하는 그 상인이 정말 미웠단다.

하지만 그의 사정도 참 어려워 보였단다.

그래서 이번에만 싼값에 넘기고, 다음부터는 함께 상의하자고 못을 박아 놓았지.

아무리 그래도 미리 정한 약속은 지켜야지, 후유. 이건 그 사람이 잘못한 거야.

그나저나 우리 임마누엘, 다시 봐야겠는데? 이렇게 깊이 생각할 줄이야.

또래보다 생각이 깊은 것 같죠?

임마누엘의 부모님은 정직하고 예의 바르며, 상대방 입장에 서서 다른 사람을 이해할 줄 알았습니다. 임마누엘은 이런 부모님 아래에서 좋은 가르침을 받으며 자랐습니다.

임마누엘은 주말이면 독실한 기독교인인 어머니를 따라 교회에 갔습니다.

이번 예배부터는 새로 오신 슐츠 목사님이 설교하셔. 얌전하게 말 잘 들어야 해.

네, 알겠어요!

우리가 하느님의 뜻을 따라야 하는 이유는 정말 분명합니다!

자, 다 함께 기도합시다.

새로 온 슐츠 목사는 프로이센 왕 프리드리히 빌헬름 1세의 총애를 받고 있었습니다. 임마누엘의 어머니는 슐츠 목사를 마음 깊이 존경했습니다.

슐츠 목사님, 우리 임마누엘이 내일부터 성경 학교에 가기로 했답니다.

오, 그래요? 네가 임마누엘 칸트구나?

총명한 아이예요. 잘 부탁드립니다.

어린이 성경 학교.

하늘은 언제나 우리를 내려다보고 있습니다. 이것은 우리가 항상 부끄럽지 않게 살아야 하는 이유지요.

자, 이번에는 여러분에게 질문하겠어요. 여러분은 하느님이 이 세상을 만드셨다는 걸 잘 알고 있을 거예요.

그럼 하느님이 어떻게 이 세상을 만드셨는지 알 수 있을까요?

목사님, 제가 말해 볼게요.

이 책을 보면 답을 알 수 있어요. 하느님의 말씀을 적어 놓은 《성경》이에요.

오, 대단한데?

임마누엘의 말이 맞아요. 하느님의 말씀을 적은 《성경》을 보면 돼요.

저희 엄마는 하느님께서 만드신 아름다운 세상을 더욱 아름답게 만들어야 한다고 하셨죠.

꾸벅

툭

오, 아름다운 세상을 만들려면 어떻게 해야 할까?

정직해야 하고, 서로가 서로를 이해해 주어야 해요. 엄마 아빠는 저에게 정직에 대해 알려 주셨어요.

우

와

자기 생각을 또박또박 말하는 모습이 제법인데?

임마누엘의 의견 잘 들었어요. 자, 조금 쉬었다 할까요?

네!

하 하 하 하

임마누엘, 사실 아까 좀 놀랐단다.

네?

네 생각을 또박또박 말하는 모습 말이다.

아니에요. 전 모르는 게 너무나 많아요. 얼른 답을 찾고 싶은데.

녀석, 천천히 해도 된다. 넌 아직 어린아이잖니. 상급 학교에 가서 열심히 공부하면 돼.

하지만……

아빠는 제가 말안장을 만들기를 바라세요.

임마누엘은 말안장을 만드는 것보다 공부에 더 소질이 있어. 임마누엘의 부모님을 한번 만나 봐야겠어.

슐츠 목사님이 저에게 공부를 열심히 하라고 말씀하셨어요.

그래? 저분은 김나지움의 교장 선생님이시기도 하단다.

임마누엘 부모님, 잠시만요. 잠깐 드릴 말씀이 있습니다.

어머, 안녕하세요, 슐츠 목사님!

실례가 안 된다면 안으로 들어가 이야기를 나눌 수 있을까요?

여보, 괜찮죠?

제가 쭉 이 아이를 지켜봤는데, 정말 영특한 것 같습니다.

임마누엘은 우리 집안의 자랑이죠.

김나지움이요?

그래서 말인데요. 임마누엘을 김나지움에 보내는 게 어떨까요?

현재 김나지움은 중등 교육 기관이지만, 임마누엘이 공부할 당시에 교육 체계는 지금과 많이 달랐습니다. 학생들은 김나지움에서 8년 정도의 공부를 마치면 바로 대학에 진학할 수 있었습니다. 그래서 당시 대학생의 나이는 14~16세 정도로 매우 어렸습니다.

네, 그곳에서 대학 입학을 준비하는 겁니다.

그래요? 임마누엘, 네 생각은 어떠니?

엄마! 저도 말안장 만드는 일 말고 공부가 하고 싶어요.

안 된다.

우리 임마누엘이 똑똑한 것은 사실이지만, 대학은 필요 없어요. 난 임마누엘을 말안장을 만드는 명예로운 장인으로 키울 겁니다.

벌

떡

하지만 대학에서 전문적인 지식을 쌓으면, 말안장을 만드는 것보다 더 훌륭한 사람이 될 수 있습니다.

뭐요? 지금 말안장 만드는 일을 무시하는 거요?

김나지움에 가면 학비며 생활비는 누가 다 감당하죠? 됐습니다. 난 임마누엘을 학교에 보낼 생각이 없어요.

죄송합니다. 아버님이 가업을 그렇게 중요하게 생각하실 줄은 몰랐습니다.

아니에요. 저도 슐츠 목사님과 생각이 같답니다.

임마누엘은 말안장 만드는 기술보다는 공부에 재능이 있어요.

저는 임마누엘의 총명함을 보았어요. 앞으로 최선을 다해서 아버님을 설득해 보겠습니다.

목사님, 감사합니다.

# 임마누엘 칸트의 성공 열쇠

임마누엘 칸트는 서양 근대 철학의 한 획을 그었습니다.

임마누엘 칸트(1724~1804년)는 서양 철학사에 큰 획을 그은 철학자입니다. '서양 철학은 칸트 이전과 칸트 이후로 나뉜다.'라는 말이 있을 정도예요.

칸트는 1781년 《순수 이성 비판》이라는 책을 펴내, 당시 논쟁이 되던 철학적 질문들을 정리해 주었어요. 이 책은 그전까지 학자들이 조금도 의심하지 않았던 '이성'이라는 것에 의문을 품은 내용을 담고 있습니다. '이성'이란 바르게 판단하는 능력으로, 인간을 다른 동물과 구분 짓는 특징입니다. 그때까지 학자들은 이성의 능력을 굳게 믿었고, 이성으로 무엇이든지 증명할 수 있다고 생각해 왔어요. 신의 존재도 이성으로 밝혀낼 수 있으며, 심지어 우리가 죽고 난 뒤의 세계까지도 알 수 있다고 여겼습니다. 하지만 칸트는 이러한 생각에 의문을 품었고, 오랜 연구 끝에 '이성의 한계는 어디인가'에 대한 답을 얻었습니다. 책이 처음 나왔을 당시에는 그 내용이 난해하다고 여겨져 학자들로부터 환영받지 못했어요. 하지만 점차 칸트의 이론은 사람들로부터 인정을 받게 됩니다.

임마누엘 칸트는 인간의 이성에 대한 연구를 담은 《순수 이성 비판》 외에도 《실천 이성 비판》, 《판단력 비판》을 차례로 펴내면서 위대한 철학자로 우뚝 섰습니다.

하지만 임마누엘 칸트의 어린 시절은 그리 부유하지 않았어요. 어려운 상황에서도 훌륭한 철학 이론을 내세우며 세상을 깜짝 놀라게 한 철학자로 자라날 수 있었던 비결은 무엇일까요?

쾨니히스베르크 다리에 있는 칸트의 기념비
© Felix O

## 하나 부모님의 교육

임마누엘 칸트는 말안장을 만드는 수공업자
집안에서 태어났어요. 칸트의 집안 살림은 그리
넉넉지 않아서 뒷날 그가 공부할 때에 어려움을
겪었습니다. 오랜 시간 동안 가정 교사 생활을
하며 돈을 벌어야 했지요. 하지만 정직한 성품의
부모님 덕분에 칸트는 도덕적인 아이로 자랄 수
있었습니다.

칸트의 아버지에게 정직은 첫 번째로 지켜야
할 덕목이었습니다. 칸트의 아버지는 일을 할
때에도 장인 정신을 갖고, 제대로 된 물건을
만들어 내기 위해 최선을 다했지요. 이렇게
꼼꼼하게 만든 말안장을 파는 과정에서 상인과
종종 다툼이 일어난 적도 있었어요. 하지만 칸트의 아버지는
무작정 화를 내기보다는, 다른 사람의 편에서 생각해 보려고
노력했습니다. 칸트의 아버지는 나와 다른
생각을 가진 사람에게도 관용을 베풀어야
한다며 가족들에게 강조하곤 했어요. 칸트는
아버지의 가르침을 마음 깊이 새겼습니다.

한편, 지혜로운 칸트의 어머니는 가까이에서
칸트의 공부를 돌봐 주었어요. 어머니는 틈이
날 때마다 어린 칸트와 함께 들로 나가, 자연의
이모저모에 대해 설명해 주었지요. 여러
약초에 대해서도 이야기해 주어서, 칸트는
자연 속에서 공부하며 총명한 아이로 자라날 수
있었습니다.

집은 비록 가난했지만, 부모님의 올바른 가정
교육을 통해 임마누엘 칸트는 훌륭한 인성을 가진 사람으로
성장했습니다.

말안장은 말의 등에 얹어 사람이 타기 쉽게 하는 물건으로, 칸트의
아버지는 말안장을 만드는 수공업자였습니다.

싱그러운 자연의 모습. 칸트의 어머니는 칸트에게 자연의 이모저모에
대해 설명해 주며 그를 가르쳤습니다. ⓒ tiltti

둘 규칙적인 생활

임마누엘 칸트는 어릴 때부터 키가 작고, 몸이 허약한 편이었어요. 그래서 건강을 지키기 위해 규칙적인 생활을 하려고 노력했습니다.

규칙적인 생활과 엄격한 시간 관리는 성인이 되어서도 계속 이어졌습니다. 쾨니히스베르크 대학교의 교수가 된 칸트는 새벽 5시에 일어나 홍차를 한잔 마시고, 오전 7시부터 강의를 시작했습니다. 연구를 한 뒤에는 정확히 오후 3시 30분에 산책을 했습니다. 산책을 한 뒤에는 주로 여행기를 읽었고, 꼭 같은 시간에 잠자리에 들었지요. 칸트가 어찌나 규칙적이었던지, 마을 사람들이 그가 산책을 나오면 시계를 맞추었다는 말이 있을 정도입니다.

우리는 늘 멋진 계획을 세우곤 합니다. 방학이 되면 계획표를 미리 짜 두고 이대로 지키겠다며 다짐하곤 하지요. 하지만 다짐만큼 계획이 잘 지켜지지 않는 경우가 많지 않나요? 계획을 지키는 것은 쉽지 않지만, 임마누엘 칸트는 정해진 규칙과 계획대로 살고자 했습니다. 계획을 지키고 실천하는 것이 큰 뜻을 이루는 데에 있어 매우 중요하다는 사실을 잘 알고 있었기 때문입니다.

러시아에 있는 임마누엘 칸트의 동상

## who? 지식사전

### 독일의 학교, 김나지움

김나지움은 18세기 말 프로이센(현재의 독일)에 설립된 교육 기관으로, 9년제 중등학교이지요. 이곳의 교육 과정을 수료하고 졸업 시험에 합격하면 대학에 입학할 수 있는 자격을 얻게 됩니다. 사실 김나지움 제도는 학생들이 무조건 대학에 가려는 것을 막으려고 시행되었어요. 당시에는 군대에 가지 않으려고 일부러 대학에 들어가려는 사람들이 많았기 때문입니다. 그래서 대학에 들어갈 수 있는 최소한의 자격을 두어서, 정말로 대학 교육이 필요한 사람만 입학하게 했습니다. 현재 독일의 김나지움에 들어가려면 초등 교육을 마치고 10세 혹은 13세 정도가 되어야 합니다. 9년 동안의 교육 과정을 마치는 마지막 학년에는 '아비투어'라는 시험을 치르는데, 이 시험은 졸업 시험인 동시에 대학 입학 자격시험이 되기도 합니다.

## 셋　학문에 대한 열정

임마누엘 칸트가 스물세 살이 되었을 때, 아버지가
돌아가시면서 집안 형편이 급격히 나빠졌습니다. 당시
대학을 다니고 있었던 칸트는 생활비를 벌기 위해
9년 동안 가정 교사로 일했습니다. 박사 학위를 받은
뒤에도 곧바로 교수직을 얻지 못해 10년이 넘는 시간
동안 대학 강사 생활을 해야 했지요. 하지만 생활고를
겪으면서도 칸트는 연구를 포기하지 않았습니다.
교수가 된 뒤, 10년간 논문(어떤 문제에 대한
학문적인 연구 결과를 정리한 글)을 한 편도 써내지
못했을 때에도 칸트는 연구를 중단할 생각은 하지

강의 중인 칸트의 모습

않았습니다. 언젠가 반드시 자신만의 철학 법칙을 세우고 말
것이라는 확신이 있었거든요. 이와 같이 칸트의 학문에 대한
열정은 계속되는 생활고와 주변 사람들의 비난에도 그를
흔들리지 않게 해 주는 원동력이 되었습니다.

## 넷　주변 사람들의 도움

칸트의 나이 여덟 살 때, 그의 집에 교장 선생님인
슐츠가 찾아왔어요. 슐츠는 일찌감치 칸트의 재능을
알아보고, 칸트가 계속 공부할 수 있도록 도와주었어요.
슐츠는 넉넉지 않은 칸트의 집안 형편을 생각해 땔감을
무료로 제공해 주기도 했어요.
칸트가 쾨니히스베르크 대학교에서 공부할 때에도 그를
도와준 사람이 있습니다. 논리학을 담당하는 크누첸

1890년대 쾨니히스베르크 성의 모습. 칸트는 쾨니히스베르크에서 평생을 살았습니다.

교수는 칸트에게 자신의 서재를 개방하고 칸트가 원하는
책을 빌려주었지요. 이렇듯 칸트의 재능을 알아주고
도와준 사람 덕분에, 칸트는 지치지 않고 학문을 계속할 수
있었답니다.

# 2 김나지움에 가다

아니, 저분은 지체 높으신 슐츠 목사님이잖아.

김나지움의 교장 선생님이기도 하대.

저렇게 유명하신 분이 임마누엘네 집에 왜?

어머나, 슐츠 목사님이 여긴 어쩐 일이세요?

임마누엘도 만나고 싶고 해서, 겸사겸사 들렀습니다.

여보, 슐츠 목사님이 오셨어요.

목사님이 여기까지 웬일이신지······.

지나는 길에 잠깐 들렀습니다. 임마누엘 집에 있죠?

사실 아버님께서 임마누엘에게 공부를 시켜 주셨으면 해서, 여기까지 찾아왔습니다.

임마누엘은 명석한 아이입니다.
임마누엘이 공부할 수 있게 돕고 싶어요.

어머나, 부럽다!
임마누엘이 얼마나 똑똑하길래······.

우리 집 애는 대체 뭐 하는 거야? 매일 하라는 공부는 안 하고 놀러만 나가니, 원.

슐츠 목사는 이후에도 계속해서 임마누엘의 집을 방문하여 임마누엘의 부모님을 설득했습니다.

임마누엘, 목사님 오셨다.

뭐 하고 있었니?

아하, 공부를 하고 있었구나.

계획표
5시 30분 산책
6시 고전 읽기
7시 아침 식사
8시~오후2시 문학 공부
2시~3시 휴식
3시~5시 말안장 만들기

계획표를 짜서 공부하고 있었어요.

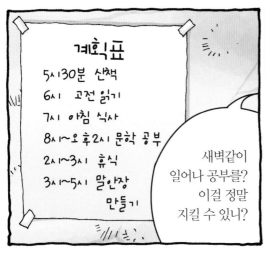

계획표

5시 30분 산책

6시 고전 읽기

7시 아침 식사

8시~오후2시 문학 공부

2시~3시 휴식

3시~5시 말안장
        만들기

새벽같이 일어나 공부를? 이걸 정말 지킬 수 있니?

그럼요. 얼른 책을 읽고 궁금증을 해결해야죠.

임마누엘, 대단한걸?

지킬 수 없는 약속은 안 하는 게 낫다. 어떻게 몇 시간씩 앉아서 계속 공부만 하겠어?

아니에요! 전 할 수 있어요.

사실 요즘 말안장을 만드는 동안에도 너무 책이 읽고 싶었어요.

아빠, 저 공부할 수 있게 해 주세요. 책이 너무 보고 싶어요.

아니……

어린아이가 계획을 세워 공부하는 것 보세요. 임마누엘은 정말 뛰어난 아이입니다.

아빠가 화내도 공부할 거냐?

그, 그래도 하고 싶어요.

알았다. 한번 해 보거라. 대신 어려운 결정인 만큼 열심히 해야 한다!

오, 정말 감사합니다!

드디어 임마누엘 칸트는 1732년, 여덟 살이 되던 해에 김나지움에 입학하게 되었습니다. 이곳에서 임마누엘은 대학에 가기 전 알아야 할 기초적인 공부를 하게 되었습니다.

와~ 우리 아빠 최고!

김나지움 입학식

오늘 학교에 입학한 모든 학생을 환영합니다.

이곳의 모든 학생들은 나라의 인재로 자라나게 될 것입니다!

우리 임마누엘, 진작 공부시킬 걸 그랬어요. 그렇죠?

여기 모인 학생들 모두 보람찬 생활을 하기 위해 김나지움에 온 것입니다!

임마누엘도 목사님처럼 훌륭한 사람이 될 거예요.

그렇지, 우리 아들이지만 다른 애들과는 달라요.

헙 헙

세월이 흘러 임마누엘이 학교에 온 지도 벌써 몇 년이 지났습니다. 그런데 처음 생각과는 달리 임마누엘은 학교 공부에 조금씩 실망하고 있었습니다.

임마누엘의 기대와 달리, 김나지움의 수업 대부분이 암기식으로 진행되고 있었기 때문입니다.

오늘은 고대 그리스 철학자들의 사상을 배워 보도록 하겠다.

그들의 사상은 1, 2장에 적혀 있다. 같이 읽어 보자.

다음 시간에는 2장의 내용을 잘 암기했는지 시험을 보도록 하겠다.

아아, 무조건 외우는 건 재미없어. 다시 엄마하고 공부하고 싶어.

자, 주목해 보세요! 오늘은 로마의 3대 시인 중 한 명인 오비디우스의 《변신 이야기》를 살펴볼 거예요.

여기엔 나르키소스의 이야기도 실려 있어요. 나르키소스는 그리스 신화에 나오는 미소년인데, 연못에 비친 자신의 모습에 반해 물에 빠져 죽었다고 해요.

자! 모두들 눈을 감고 고대 문학의 주인공을 떠올려 보세요. 그리고 그들이 되어 하늘을 날고 바다를 가르는 모습을 상상해 보세요! 정말 환상적이죠?

라틴어 공부는 정말 재밌어! 최고야!

임마누엘, 뭐 해? 나가서 놀자.

뭐야, 우리가 안 보이나?

임마누엘은 재미있는 라틴어 수업 덕분에 로마 제국의 문학과 철학자들의 지식 세계를 접할 수 있었습니다.

임마누엘! 나가서 놀자니까?

수업 끝난 지 오래라고!

나 이거 다 보고 가려고 했는데?

이걸 다?

응. 얼마나 재미있는데! 《변신 이야기》도 다시 읽어 볼 거고, 이건 로마의 3대 시인 중 한 명인 베르길리우스의 책, 또 이 책은⋯⋯.

어이구, 못 말려! 그냥 나가 놀자!

알았어. 그럼 내일 아침 일찍 놀자!

다음 날 아침

차~아~

으하하! 정의의 물을 받아라!

무슨 소리! 내가 던질 테니 네가 받아라!

차~아~

어? 얼른 학교 가자! 지각은 절대 안 돼!

임마누엘, 사실 너도 공부보다 노는 게 재밌지?

음...... 아니!

우다다

에이, 하하하하!

야, 우리의 완벽주의자
임마누엘이······.

지각은 하지 않았지만,
큭큭······.

하하, 임마누엘! 가방을
안 가지고 학교에 왔다며?

모든 것에 철저한 녀석이,
어쩌다 가방을 안 들고 왔니?

어디 이유나
들어 볼까?

머리를 조금 쉬게 해 주려고
하다가 너무 열심히
놀았나 봐요.

임마누엘은 반에서 1등을 놓치지 않는
총명한 학생이었지만, 딱 한 번 물놀이에
빠져 벌을 섰던 적이 있습니다. 임마누엘의
평소 행실에 비추어 봤을 때, 이 일은
학교에서 한동안 화젯거리가 될 정도로
놀라운 일이었습니다.

이즈음 임마누엘의 집에는 막내 요하네스가 태어나 사랑을 받고 있었습니다.

뭐라고? 우리 임마누엘이 또 1등이라고?

똑똑한 임마누엘 덕분에 엄마는 정말 기쁘다. 나중에 우리 요하네스도 너처럼 공부를 잘해야 할 텐데.

걱정 마세요. 요하네스가 자라면 제가 공부를 가르쳐 줄게요.

그나저나 대학을 가면, 이런 암기식 교육은 안 받아도 되겠죠?

물론이지. 대학이란 곳에 가면 네 마음껏 공부할 수 있을 거야.

내일이 주말이니, 오래간만에 들판에 나가서 엄마와 공부하고 싶어요!

이젠 내가 가르쳐 줄 게 없어. 오히려 네가 나를 가르쳐 주어야 할지도 모르겠구나.

아니에요. 엄마는 저의 영원한 선생님이에요!

그래, 알았다. 우리 내일 꼭 가자.

어! 이 늦은 시간에 누굴까요?

임마누엘 어머니!

아니, 앨리스 어머니! 비가 이렇게 오는데 어쩐 일로……

우, 우리 앨리스가 갑자기 쓰러져 버렸어. 열이 도무지 내려가지를 않아!

흑흑, 비가 너무 많이 와서 병원에 갈 수도 없는데 어떡하지?

엄마! 지난번에 산책하다가 캔 약초가 집에 있잖아요.

맞아! 앨리스 어머니, 잠깐만 기다려요.

임마누엘, 엄마는 잠깐 앨리스네 집에 갔다 올게.

비가 이렇게 오는데요?

앨리스 어머니가 비를 많이 맞아 그런지 아파 보였어. 내가 대신 앨리스 간호를 해 줘야겠어.

알겠어요.

저도 같이 갈까요?

그럴 필요 없단다. 집에서 요하네스를 잘 돌봐 주렴.

엄마한테! 아무 일 없어야 할 텐데…….

다음 날 아침.

엄마가 왜
안 오시지?

앨리스랑 앨리스 어머니가
많이 아프신 모양이야.

아버지는 일 때문에
아침 일찍 도시로 가셨어.
우리끼리 점심 먹자.

응, 알았어.

앗, 어머니!

엄마,
왜 이제야
오셨어요?

미안, 애들아. 엄마가
너무 늦었지…….

괜찮으세요?

괜찮고말고. 조금만 기다려. 오랜만에 아들하고
공부하러 나가는데, 예쁜 옷 입고 나가야지.

털썩

엄마!
괜찮으세요?

우리 임마누엘······.
내가 같이 공부해
주어야 하는데.
정말 미안하구나.

엄마······. 흑흑.
얼른 일어나세요.

내가 잠시
집을 비웠을 때
이런 일이······.

엄마!

임마누엘의 어머니는 갑자기 고열에 시달렸고,
급히 집으로 돌아온 아버지와 가족들은 모두
큰 슬픔에 빠졌습니다.

열이 내리질 않아. 얼른 의사를
불러야겠어.

하지만 어머니의 열은 좀처럼 내리지 않았습니다.

여보, 할 말이 있어요. 우리 아이들을 잘 부탁해요. 똑똑한 임마누엘이 대학을 마칠 수 있도록 옆에서 잘 도와주세요.

아니 당신, 그게 무슨 말이오.

임마누엘, 내 손을 좀 잡아 주렴.

우리 착한 아들, 임마누엘. 앞으로도 정직하고 착하게 살아야 한다. 그리고 부디 대학에 들어가 원하는 공부를 하도록 해.

엄마! 내일 저랑 산책 갈 거죠? 병 꼭 나아서 일어나실 거죠?

엄마!

여보!

엄마!

임마누엘의 어머니는 *장티푸스에 걸려 그만 세상을 떠나고 말았습니다. 그때 임마누엘의 나이는 겨우 열네 살이었습니다.

*장티푸스: 살모넬라균에 의한 장염. 물이나 음식을 통해 전염될 수 있으며, 심하면 사망에 이름

그로부터 몇 주의 시간이
지났습니다.

임마누엘,
늘 다른 이의 모범이
되어야 한다.

엄마······.

보고 싶은
엄마······.

엄마의 말씀대로
그렇게 살겠어요.
엄마의 자랑스러운
아들이 될게요.

오늘까지만 울고, 이제 열심히 공부할게요. 지켜봐 주세요.

임마누엘은 어머니의 죽음으로 인해 큰 슬픔에 빠졌습니다. 하지만 어머니와의 약속을 지키기 위해서라도, 일상으로 돌아가 열심히 공부를 하기로 했습니다.

마침내 임마누엘 칸트는 1740년 가을, 고향에 있는 쾨니히스베르크 대학교에 합격했습니다. 그의 나이 17살 때의 일입니다.

# 철학의 기초를 세운 고대 철학자들

임마누엘 칸트가 철학자라는 사실은 잘 알고 있을 거예요.
그런데 철학이란 대체 무엇인지 생각해 본 적 있나요? 철학은
영어로 필로소피(philosophy)라고 하는데, 그리스어인
'필로소피아'에서 나온 말이에요. 필로소피아는
'사랑한다'라는 뜻의 '필로스'와 '지혜'를 뜻하는
'소피아'가 합쳐진 단어예요. 즉, '필로소피아'라는 말을
풀어 보면, '지혜를 사랑한다'는 뜻이 되지요.

철학은 인간 바깥의 자연 세계와 우주에 대해 알고 싶은
욕망으로부터 생겼습니다.

사냥을 하고 나무의 열매를 따서 먹고살던 원시 시대의
인간은 평소에 깊이 생각하고 고민할 필요가 없었어요.
그저 하루를 살아가는 데 집중하면 되었으니까요.
하지만 시간이 지나 점차 사람들이 무리를 지어 살게
되면서 사회가 발전했습니다. 이제 사람들은 자기
자신을 비롯해 주변을 둘러싼 모든 것에 대한 고민을
하게 되었어요. 인간 바깥의 자연 세계, 우주에 대해
알고 싶은 욕망이 생긴 거예요. 또 인간이 어떻게
살아야 할지에 대해서도 깊이 고민하게 되었습니다.
이렇게 생긴 사람들의 수많은 궁금증은 곧
'철학'이라는 학문을 발전시켰습니다. 그래서 철학에는
지식에 대한 사람들의 갈망, 수많은 궁금증에 대한
고민이 녹아 있지요.

철학의 기초를 세운 서양의 고대 철학자들. 왼쪽부터
플라톤, 아리스토텔레스, 소크라테스예요. ⓒ maraie

사실 우리가 철학을 제대로 이해하기란 쉽지 않습니다.
먼 옛날부터 지금까지 쌓여 온 인간의 지혜를
한순간에 알아내기는 참 어렵지요. 하지만 철학자들의
생각에 귀를 기울이기 시작할 때, 우리의 생각도 점차
발전하겠지요. 그럼 칸트 이전에 철학의 기초를 세운
서양의 고대 철학자는 누가 있는지, 또 그들은 어떤
생각을 했는지 알아봅시다.

## 철학의 아버지, 탈레스

탈레스(기원전 약 624~기원전 약 546년)는
철학의 출발을 알린 고대의 철학자예요. 그는
천문학, 수학, 과학 등 다양한 분야에 관심이
많았지요. 탈레스는 태양과 달의 움직임을
관찰해, 달이 태양의 일부나 전부를 가리는
현상인 일식이 규칙적으로 일어난다는 사실을
발견했어요. 또한 비례의 원리를 이용해 막대기
하나만 가지고 피라미드의 높이를 구해 내,
수학자로서의 명성을 높였지요. 이렇듯 여러
방면에서 뛰어난 탈레스는 일찌감치 '그리스의
일곱 현인' 중 한 사람으로 꼽혔습니다.
탈레스가 남긴 말 중 유명한 것은 "만물의 근원은
물이다."라는 주장이에요. 세상의 모든 것은 물로
이루어져 있다는 말인데, 물론 이것은 뒷날 사실이
아닌 것으로 밝혀졌지요. 하지만 이 세상이 대체
무엇으로 만들어져 있는지 고민해 보았다는 점에서
그 가치를 인정받고 있답니다.

탈레스는 막대기 하나만 가지고 피라미드의 높이를 구해 사람들을
놀라게 했습니다. ⓒ jaybergesen

탈레스는 만물의 근원이 물이라고 생각했어요.
ⓒ likeablerodent

## who? 지식사전

### 발밑의 웅덩이도 못 보는 철학자?

위대한 철학자로 불리는 탈레스와 관련된 재미난 일화가 있어요. 어느 날 탈레스는
우주의 이치에 대해 깊이 고민하며 길을 걷고 있었어요. 그러다 그만 발밑의
웅덩이를 보지 못해 넘어지고 말았지요. 지나가던 하녀는 탈레스를 보고 큰 소리로
웃으며 말했습니다. "우주의 이치를 탐구한다고 하면서, 바로 발밑의 웅덩이도 못
보시네요." 하고 말이지요. 하녀는 바로 코앞의 일은 제대로 볼 줄 모르고, 고상한
문제에만 매달리는 것 같은 철학자를 어리석다고 생각한 것이지요. 하지만 탈레스는
눈앞의 실리나 이익을 따지지 않고, 이 세상 모든 일에 대해 깊게 고민한 철학자로
평가받습니다.

탈레스의 동상
ⓒ LOCO Steve

## 둘 '나는 진리를 모른다', 소크라테스

소크라테스(기원전 약 469~기원전 약 399년)는 고대 그리스 철학의 전성기를 이끈 인물이에요. 당시 소크라테스를 따르는 제자들이 매우 많았답니다.

소크라테스는 살아생전 직접 책을 쓰지는 않았기 때문에, 그의 사상은 제자들이 남긴 기록을 통해서만 추측해 볼 수 있어요. 여러 기록에 따르면 소크라테스는 질문하는 것을 매우 중요하게 생각했다고 해요. 그는 '정의는 무엇인가', '우정이란 무엇인가' 등과 같은 질문을 끊임없이 던지고, 토론하고, 깨닫는 과정을 중요하게 여겼어요. 이러한 과정을 통해 우리가 아무것도 모르고 있다는 것을 스스로 깨닫게 하고자 했지요. 사람들은 자신이 알고 있는 사실이 진리인 것처럼 믿어 버리곤 하지만, 알고 보면 그것이 잘못된 지식인 경우가 많거든요.

소크라테스는 시간이 갈수록 점점 유명해졌습니다. 하지만 유명해진 만큼 당시 권력자들에게 위험한 인물로 여겨졌고, 결국 정치 싸움에 휘말려 사형을 당하고 말았습니다.

소크라테스의 동상

## who? 지식사전

소크라테스 ⓒ Ian Scott

### 소크라테스가 못생겼다고?

철학자 소크라테스는 그만의 철학으로도 유명했지만, 못생긴 얼굴로도 자주 화제가 되었다고 합니다. 소크라테스의 눈은 툭 튀어나와 있었고, 피부도 좋지 않은데다 체격도 왜소했어요. 하지만 주위 사람들이 아무리 소크라테스를 놀려도 그는 밝게 웃어넘길 뿐이었답니다. 오히려 자신의 외모를 자랑스럽게 여겼다고 해요. 게다가 그는 타고난 건강 체질이어서 한겨울에 얇은 옷을 입고 다녀도 별 탈이 없었습니다. 외모보다는 건강과 지성에 가치를 두었던 소크라테스야말로 진정한 철학자 아닐까요?

**이상을 꿈꾼 철학자, 플라톤**

플라톤(기원전 약 427~기원전 약 347년)은
그리스 아테네의 명문가에서 태어났어요.
일찌감치 귀족 신분에 어울리는 교육을 받았고,
어릴 때부터 총명함을 뽐냈지요.
플라톤은 이십 대 때부터 소크라테스의 제자가
되어 공부했습니다. 플라톤이 쓴 책의 대부분은
소크라테스와 대화한 내용을 정리한 것이에요.
원래 플라톤은 정치에 관심이 많았습니다. 하지만
소크라테스가 정치 싸움에 휘말려 억울하게
죽임당하는 것을 보고, 정치에 대한 미련을
버렸다고 해요. 플라톤은 그 뒤로 철학 연구에
완전히 전념하게 됩니다. 그는 현실 세계의
뒤편에 참된 세계인 이데아 세계가 있다는
'이데아론'을 주장했습니다.

16세기 이탈리아의 화가 라파엘이
그린 아테네 학당의 모습. 정 가운
데에서 살구빛 옷을 두르고 있는
학자가 바로 플라톤입니다.

플라톤의 나이가 마흔두 살쯤 되었을 때, 그는 아테네 근처에
철학 학원인 '아카데메이아'를 세우고, 학생을 가르치기
시작했습니다. 아카데메이아는 유럽 최초의 대학교라고 할 수
있습니다.

## 플라톤의 《국가론》

플라톤은 《국가론》에서 정의란 무엇이고, 정의가 이루어지는 가장 이상적인 국가가 어떤 곳인지에 대해 설명했습니다. 그는
강력한 왕이 나라를 다스려야 한다고 보았어요. 여러 명이 사회를 이끌어 나가는 아테네의 민주주의는 오히려 좋지 않다고
생각했지요. 플라톤은 한 나라의 통치자는 지혜로 국가에 봉사하는 사람이므로, 명예나 물질에 대한 욕망을 가지지 말아야
한다고 생각했어요. 심지어 재산을 가져서도 안 된다고 보았지요. 후대의 사람들은 이것이 현실적으로는 불가능한 일이라며
비판하기도 했습니다. 하지만 플라톤의 연구는 올바른 국가와 인간의 모습에 대해 깊이 고민해 보았다는 점에서 그 의미를
찾을 수 있습니다.

# 3 철학과 만나다

드디어 내가
대학에 오게 되었어.

어머니가 살아 계셨으면
오늘 참 기뻐하셨을 거야.
돌아가신 어머니를
위해서라도 정말
열심히 공부해야지!

칸트는 대학에 들어와 비로소 김나지움에서의 암기식 공부에서 벗어날 수 있었습니다.

칸트, 나랑 당구 치러 가지 않을래?

앗, 미안해. 지금 읽던 책만 다 읽고 가자.

어제도 공부, 그제도 공부! 맨날 공부, 공부! 하루쯤은 모든 걸 내려놔 봐.

모든 걸 내려놓기엔 지금 이 책이 너무 흥미로운걸.

그리스 로마 시대의 고전 문학을 마음껏 읽을 수 있다니! 지금은 로마 시인 페트로니우스의 책을 읽고 있어.

아아, 내 옆에 두고 오래오래 읽고 싶다!

지금 보니 내가 당구를 사랑하는 것처럼 넌 공부를 사랑하는구나.

뭐? 하하하!

칸트는 책 한 권도 마음대로 사지 못할 정도로 가난했지만, 누구보다도 열심히 공부했습니다.

자, 지금까지 뉴턴의 만유인력 법칙에 대한 설명이었습니다.

여러분, 논리적 사고를 가지려면 자연 과학에 대해서도 알아야 합니다.

칸트는 쾨니히스베르크 대학교에서 인생의 멘토 크누첸 교수를 만나게 됩니다. 크누첸은 철학을 강의하는 젊은 교수였습니다.

크누첸 교수님의 강의는 언제나 신선해. 나도 크누첸 교수님처럼 다양한 학문을 공부해 봐야겠어!

자, 오늘의 강의는 끝입니다. 모두 과제를 해 오도록 하세요.

칸트는 모든 강의 시간에 늦는 법이 없었습니다. 특히 크누첸 교수의 수업엔 언제나 일찍 도착해 맨 앞자리에서 강의를 들었습니다.

도서관에 뉴턴의 책이 없었어. 이번엔 꼭 사서 읽어야 할 텐데……

가진 돈이 이것뿐이네.

칸트는 일단 서점에 가 보기로 했습니다.

모르겠다, 일단 들어가 보는 거야.

뉴턴의 책이야!

와, 대체 인간의 능력이 어디까지길래 이런 생각을 할 수 있는 거지? 정말 멋지다.

칸트는 앉은 자리에서 오랜 시간 책에 빠져들었습니다.

이번엔 4장을 봐야겠어.

거기 학생, 서점 문 닫을 시간이야. 책을 사서 집에 가서 봐.

네? 그, 그게……

설마 돈이 없는 건 아니겠지?

죄송해요. 가진 게 이것뿐이에요. 가진 걸 다 드릴 테니, 조금만 더 읽고 가면 안 될까요?

뭐야? 내 이럴 줄 알았어.

어쩐지 옷차림이 꾀죄죄하더라니. 책 한 권 살 돈이 없다니, 그게 말이 돼?

난 가게 문을 닫을 거야. 재수가 없으려니, 원.

나가! 이렇게 책을 훔쳐 읽는 건 도둑이나 하는 짓이야!

아, 아저씨!

아니, 자네는 내 수업을 듣는 학생이 아닌가. 왜 도둑이란 소리를 듣고 있는 거지?

교, 교수님…….

일단 날 따라오게.

이게 대체 어떻게 된 건가? 나에게 말해 보게.

제 잘못이에요. 돈이 없는데도 서점에서 책을 사려고 했거든요.

그게 무슨 책인가?

교수님께서 말씀하신 뉴턴의 책이에요. 꼭 사 보고 싶었는데…….

흐음…….

교수님 앞에서 이런 모습을 보여 드려서 정말 죄송해요.

너무 속상해하지 말게. 자네 잘못이 아니지 않은가.

자네는 도둑이 아니야. 난 알고 있네. 가난은 자네의 탓이 아니니, 죄책감 갖지 말게.

교수님…….

자넨 누구보다도 학문에 대한 열정이 있어. 지금은 어려울지라도, 뭐든 해낼 수 있을 거야.

자네, 이번 주에 우리 집에 좀 오게.

네? 교수님의 집에요?

왜? 싫은가?

그럴 리가요.

크누첸 교수의 집

오, 칸트! 역시 오기로 한 시간에 정확히 왔군.

교수님과의 약속인데 일 분 일 초라도 늦어선 안 되죠.

하하. 역시 칸트야. 오늘 이렇게 부른 건, 자네에게 보여 줄 게 있어서야.

보여 줄 것요?

그래. 아무한테나 열어 주는 곳은 아닌데, 자네에게만 특별히 보여 주지.

도대체 어떤 곳이길래……

와! 교수님 댁 지하에 이런 곳이 있을 줄은 상상도 못 했어요!

하하, 그럴 게야. 아무나 못 오게 비밀스럽게 만들어 놓았으니까.

자, 다 왔네. 놀랄 준비 됐나?

도대체 안에 뭐가 있길래 그러시는 거지?

이곳은 자네에게 지혜를 선물해 줄 수 있는 곳일세.

지혜요?

이것도 읽고 싶었던 거고, 저것도 읽고 싶었던 거예요. 교수님, 정말 이거 다 읽어도 되나요?

그럼. 내 자네의 가능성을 믿고 특별히 이 서재를 개방하는 거야.

당시 칸트는 장학금을 받고 있지도 않았고, 집안 형편도 어려운 상태였습니다. 그런 그에게 크누첸 교수의 서재는 사막의 오아시스와도 같았습니다.

어?

손이 안 닿네.

자, 여기

자네, 앞으로 여기 있는 책을 다 읽고 훌륭한 철학자가 되게. 그렇지 않으면 내가 지금까지 공짜로 빌려 주었던 책값을 몽땅 받을 거야.

누구보다도 더 열심히 할게요. 정말 감사합니다.

칸트는 크누첸 교수의 책을 마음껏 읽고, 학교에서도 열심히 공부하며 사고의 폭을 넓혀 나갔습니다.

그러던 어느 날, 칸트는 아버지가 병을 앓고 있다는
슬픈 소식을 접했습니다.

아버지!
돌아가시면
안 돼요!

임마누엘,
책 한 권 제대로
사 주지 못해
미안하구나.

아버지의 장례식은 조용하고 초라했습니다.
칸트는 마음속으로 눈물을 삼켰습니다.

아버지, 이제 저는 울지 않을 거예요.
부모님의 큰 은혜에 보답하기 위해서라도
열심히 공부해서 훌륭한 학자가 될게요.

아버지가 돌아가시고 나서 칸트는 더욱더 열심히 공부했고,
그 성과는 한 편의 논문에 그대로 담겼습니다.

오, 칸트.
이게 뭔가?

제가 쓴 졸업 논문의
표지입니다.

뉴턴이 자연 존재의 법칙을 발견해 낸 것처럼,
저도 철학 분야에서 명확한 법칙을
만들어 내겠어요.

오, 그럼 그 법칙을 벌써
발견해 냈다는 건가?

아직은 아니에요.

지금은 저의
생각을 겨우
정리한 수준이에요.
하지만 앞으로
발전해 나갈 테니,
제 모습을 지켜봐
주세요.

이 책의 머리말에는 칸트의 당찬 포부가 드러나 있었습니다.

나는 이미 나의 진로를 결정했는데,
지금부터 그것을 지켜 갈 것이다.
나는 내가 정한 길로 나아갈 것이고,
그 무엇도 나의 앞길을 가로막지 못할 것이다.

어느덧 졸업할 시간이 다가왔습니다. 칸트는 공부를 계속하고 싶었지만, 그렇게 하기엔 너무나 가난했습니다.

칸트! 이제 곧 졸업인데, 뭘 할지 생각해 봤어?

모르겠어. 난 공부를 더 하고 싶은데, 집안 형편이 좋지 않으니 그것도 안 되고…….

맞다! 내가 아는 집이 가정 교사를 급히 구한대. 일단 그렇게 돈을 벌어 볼래?

가정 교사?

그래, 바로 그거야! 아이들을 가르치고 남는 시간에 연구를 하면 되겠어!

면접은 당장 오늘 저녁에 봐야 하는데, 괜찮아?

그럼! 가르치는 일이라면 자신 있어.

좋아! 그럼 이따 저녁에 마차를 불러서 너희 집으로 갈게.

고마워, 블뢰머!

칸트, 나 왔어!

탕 탕

마차까지 불러 줘서 고마워.
금방 다녀올게.

자, 잠깐만!

혹시 그 옷을 그대로
입고 나가려는 거야?

아아, 이 옷······.
수선 맡겨야겠네.

혹시 멀쩡한
구두는 있어?

굽이 좀 닳긴 했는데
좀 더 신을 수 있어.

그렇게 칸트는 가정 교사 생활을 시작하게 되었습니다.

오, 칸트. 반가워요. 모범생에 똑똑하다는 소리를 들었어요.

아닙니다. 그저 열심히 공부할 뿐이에요.

우리 아이들도 열심히 공부할 수 있도록 잘 가르쳐 주세요.

네, 최선을 다해 보겠습니다. 아이들에게 규칙적으로 공부하는 습관을 가르칠게요.

아저씨, 환영해요!

아저씨가 뭐야, 선생님이지!

그래, 아직 결혼도 하지 않았으니 차라리 형이라고 불러 주는 게 어떻겠니?

하하하!

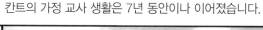
칸트의 가정 교사 생활은 7년 동안이나 이어졌습니다.

자, 이 문제를 풀어 보렴.

어려워요!

앗, 선생님! 끝나기 1분 전이에요!

흠흠, 50초 뒤에 일어날 테니 다시 자리에 앉으렴.

에이~

정말 한결같고 성실한 선생님이라니까.

칸트는 가정 교사 생활을 하면서도 열심히 연구했습니다. 이 기간 동안 칸트는 여러 방면에 다양한 지식을 쌓을 수 있었습니다.

가정 교사 생활을 해서 돈을 버니, 사고 싶은 책을 다 사 볼 수 있어서 좋아. 이 기회에 밤낮으로 열심히 공부해야겠어.

그러던 어느 날

언니! 저 청년 누구예요?

우리 집 가정 교사야. 똑똑한 데다가 얼마나 성실하고 착한데.

언니, 저 청년이 마음에 들어요. 제가 찾던 이상형이에요.

뭐?

이웃 좋다는 게 뭐예요. 저 청년 좀 소개해 주세요.

아이고, 못 말려.

안녕하세요? 잠시만 당신의 시간을 빼앗아도 될까요?

아……. 지금은 산책 시간입니다만.

혹시 저를 위해 시간을 좀 내주실 수 있으신지

흠, 그렇게 합시다.

혹시 여자 친구 있으세요?

아니요. 없습니다.

그래요? 그럼 혹시 앞으로 여자 친구를 만날 생각은 없으세요?

아직 생각해 본 적이 없어요. 생활하기도 빠듯하고, 공부할 시간도 부족하거든요.

그래요? 휴······.

앗, 이만 들어가야 할 시간이네요.

다음에 또 봬요!

후다닥

여자 친구? 내가 여자 친구를 만난다고?

안 돼, 안 돼! 이런 생각을 할 때가 아니지.

나에겐 여자 친구를 생각할 여유가 없어.

난 지금 해야 할 일이 있는걸.

처음에 결심했던 대로, 난 흔들리지 않고 나아갈 거야. 훌륭한 철학자가 되기 위해 열심히 공부해야 해.

그러던 어느 날, 칸트에게 편지 한 통이 도착합니다.

쾨니히스베르크 대학교에서 온 편지야.

교수? 내가 모교의 교수 자격을 얻었다고?

귀하가 쓴 논문이 통과되어 교수 자격을 얻었음을 알리는 바입니다.

-쾨니히스베르크 대학교-

어머니! 제가 드디어 학교에서 학생들을 가르칠 수 있게 되었어요. 제가 교수 자격을 얻었다고요!

# 동양의 철학자

동양에도 지혜를 얻으며 자신을 다지고자 했던 훌륭한 철학자가 많습니다. '학이시습지 불역열호(學而時習之 不亦悅乎)'. 이 말은 《논어》에 나오는 첫 구절인데, '배우고 때때로 익히면 또한 기쁘지 아니한가.'라는 뜻입니다. 논어의 구절과 같이, 즐거운 마음으로 동양의 철학자에 대해 공부하면서, 배우는 기쁨을 느껴 볼까요?

독일 베를린에 세워진 공자의 동상

### 하나     동양의 위대한 철학자, 공자

공자(기원전 약 551년~기원전 약 479년)는 소크라테스, 석가모니, 예수와 함께 세계 4대 성인(지혜와 덕이 매우 뛰어나 본받을 만한 사람)으로 꼽히는 철학자입니다. 중국 노나라에서 태어난 공자는 젊었을 때 창고지기로 일한 적도 있었고, 가축을 기르는 일을 맡아보기도 했습니다. 공자는 이렇게 낮은 위치에서 시작해, 마침내 높은 벼슬에까지 오르게 되었어요.

공자는 벼슬을 하는 동안 백성을 바르게 인도하고, 혼란스러운 세상 속에서 정의로운 정치를 실현하기 위해 노력했습니다. 하지만 노나라의 왕은 공자의 정치 이념을 받아들이려고 하지 않았습니다. 공자의 간절한 설득에도 왕은 막무가내였습니다. 결국 공자는 기원전 497년, 50대의 나이에 벼슬자리를 내놓고 이 나라, 저 나라를 떠돌아다니기 시작했지요. 그렇게 14년 후에 다시 노나라에 돌아와 제자를 기르는 데 힘썼습니다. 공자를 따르는 제자만 3,000명이 넘었다고 하니, 학자로서 공자의 위치가 어떠했는지 짐작할 수 있습니다.

공자의 핵심 사상은 바로 '인의예지'입니다. '인의예지'란

중국 산둥성에 있는 공자의 묘

어진 마음과 옳음, 예의와 지혜를 가리키는 말이에요. 공자는 사람들이 이 네 가지를 갖추어 덕을 회복해야 한다고 생각했습니다. 특히 이 중에서도 공자가 강조한 것은 '예(禮)'였어요. 당시 노나라는 나라의 질서가 무너져, 신하가 임금의 자리까지 넘보는 지경이 되었습니다. 이런 상황 속에서 공자는 사람들이 '예'를 갖추어야 한다고 강조했습니다. 왕이 왕의 역할을 잘 해내고, 신하는 신하의 역할에 충실해야 올바른 질서를 회복할 수 있다는 것이지요. 또한 공자는 어진 마음, 즉 '인(仁)'을 매우 중요하게 여겼습니다. 그는 덕이 높은 군자가 되기 위해서는 반드시 '인'을 갖추어야 한다고 생각했답니다. 여기서의 '인'은 용기, 지혜, 사랑 등의 수많은 가치를 포함하는 최고의 덕목입니다. 공자는 무슨 일이 있어도 이를 지켜야 한다고 강조했고, '인의예지'는 유교 사상의 중심이 되었답니다.

필리핀에 있는 공자의 동상  © Elmer B. Domingo

# who? 지식사전

## 공자와 《논어》

《논어》는 공자의 말을 기록한 유교 경전입니다. 당연히 공자가 《논어》를 직접 썼다고 생각하기 쉽지만, 《논어》는 뒷날 공자의 제자들이 공자의 말을 정리해 펴낸 책이랍니다. 《논어》는 공자의 말과 공자와 제자들이 나눈 대화, 공자의 말씀을 듣고 나서 제자들끼리 나눈 대화 등으로 이루어져 있습니다.

공자의 말을 기록한 《논어》

공자에 대해 알기 위해서는 그의 사상을 담고 있는 책 《논어》를 꼭 읽어 보아야 해요. 우리나라에는 삼국 시대 때 전해졌을 것으로 추측되는데, 당시 나라의 인재를 선발할 때 《논어》는 꼭 공부해야 할 과목이었습니다. 조선 시대에는 전국 방방곡곡에서 공부하는 어린아이들까지도 배우게 되었습니다.

둘 **살기 좋은 세상을 꿈꾼 철학자, 맹자**

맹자(기원전 약 372년~기원전 약 289년)가 살던 때에도
사회적인 혼란은 계속되었습니다. 이때 중국에서는 여러
나라가 힘을 키워 세력을 다투었지요.

이러한 혼란 속에서 질서를 바로 세우기 위해 수많은
학자들이 나섰습니다. 그들은 앞으로 어떻게 살아야 할지,
어떻게 세상을 구할 것인지 고민했습니다. 맹자도 이에 대해
깊이 고민한 학자였어요.

맹자는 왕이 어질고 의로운 마음으로 정치를 펼쳐야 한다는
‘왕도 정치’를 주장했습니다. 그가 꿈꾸는 이상적인 국가를
만들기 위해, 맹자는 여러 나라를 돌아다니며 간절한
마음으로 사람들을 설득했습니다.

하지만 각 나라들은 다들 자기 나라를 강하게 만들고, 다른
나라와의 협상에서 이기는 것을 더 중요하게 생각했어요.
그래서 맹자의 말은 쉽게 받아들여지지 않았습니다.
안타깝게도 맹자가 꿈꾸던 정치는 그 세대에서 실현되지
못했어요. 하지만 그가 세상을 떠난 뒤에, 오랜 시간 동안
수많은 학자들은 맹자가 꿈꾸던 세상을 이상적인 국가로
꼽았습니다.

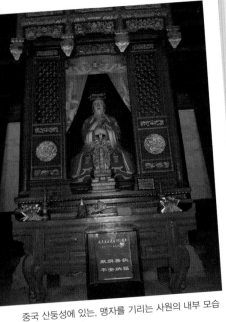
중국 산둥성에 있는, 맹자를 기리는 사원의 내부 모습

## who? 지식사전

### 맹모삼천지교

‘맹자’ 하면 떠오르는 말이 바로 ‘맹모삼천지교’입니다. 이 말은 맹자의 어머니가 교육을 위해 세 번이나 이사를 했다는
뜻이에요. 맹자는 세 살 때 아버지가 세상을 떠나 홀어머니 아래에서 자랐는데, 처음에 맹자의 집은 공동묘지 근처에
있었어요. 이것이 교육에 좋지 않을 것이라고 생각한 맹자의 어머니는 다른 곳으로 이사를 했습니다. 그런데 이번에는
시장 근처여서, 맹자는 날마다 장사꾼 놀이를 하며 지냈지요. 어머니는 또다시 이사를 가기로 결심하고, 서당 근처로 집을
옮겼습니다. 그러자 맹자는 날마다 공부 놀이를 했다고 해요. 그때부터 열심히 공부해 중국 최고의 학자가 되었습니다. 사실
이런 일이 실제로 있었다기보다는 만들어 낸 이야기라고 보는 학자들이 많습니다. 하지만 맹자가 어머니의 영향을 많이
받았고, 맹자의 어머니가 맹자의 교육에 크게 신경을 썼다는 것만은 분명합니다.

## 자연으로 돌아가라, 노자

노자는 언제 태어나서 언제 죽었는지 확실히
알려진 것이 없습니다. 심지어 노자가
200살이 넘도록 살았을 것이라고 생각하는
사람들도 있어요. 여러 학자들은 노자가
기원전 570년부터 기원전 479년 정도까지
살았을 것이라고 추측하고 있습니다.
노자는 나라를 다스리는 것에 대해 공자,
맹자와는 전혀 다른 생각을 갖고 있었어요.
노자는 나라를 통치하는 사람이 백성을
간섭하고 지배하지 말아야 한다고
생각했거든요. 그는 수많은 법을 만들어

중국 청원산에 있는 노자 석상 ⓒ Tom@HK

내고 백성을 힘으로 다스리려 할수록,
나라는 더욱더 혼란스러워질 것이라고 여겼어요. 대신 노자는
왕이 그저 백성이 하고 싶은 대로 놓아두면, 세상이 저절로
좋아질 것이라고 믿었어요. 억지로 무엇을 바꾸려 하지 않고,
물 흐르는 대로 그냥 두는 것이지요. 노자는 자연 그대로의
세상을 꿈꾸었던 학자입니다.

## 노자가 남긴 명언들

자연스러운 것을 추구한 노자의 사상과 말은 오늘날 바쁘게 살아가는 현대인에게 많은 영향을
미치고 있습니다. 노자가 남긴 말은 어떤 것이 있는지 알아볼까요?

"만족할 줄 알면 늘 즐겁다."
"자신을 과시하거나 자만하지 말아야 한다."
"얻고자 하는 것이 있으면, 먼저 주어라."
"덕으로 원한을 갚아라."
"공을 이루면 물러나는 것이 하늘의 섭리이다."

중국 고대의 사상가, 노자

# 4 교수가 되기까지

교수 자격을 취득했다고 해서 곧바로 교수 자리를 얻게 되는 것은 아니었습니다. 칸트는 1756년 쾨니히스베르크 대학교의 교수 자리에 지원했습니다.

위대하신 전하. 저 칸트는 쾨니히스베르크 대학교 철학부의 정교수 자리에 지원하는 바입니다. 철학을 발전시키기 위해 최선을 다해 노력할 것입니다.

얼마 뒤 나라로부터 답이 도착했습니다.

이, 이럴 수가. 단번에 거절당하다니 ······.

그래, 실망하지 말자. 열심히 학문의 길을 닦고 있으면 기회가 오겠지.

칸트는 생활비를 벌기 위해 사강사 신분으로 학생을 가르쳐야 했습니다. 사강사는 지금으로 치면 시간 강사와 비슷한데, 교수와 달리 매달 정해진 돈을 받는 것이 아니어서 생활이 불안정했습니다.

다음 날

여, 여러분…….
만나서 반갑습니다.

교수님 옷이
좀 허름해
보여.

그래도 수학, 철학,
종교, 자연 과학을
모두 꿰뚫고 계신
분이래.

여러분! 여길 주목하세요. 전 여러분에게
철학을 일방적으로 가르치지 않을 겁니다.

뭐라고?

철학 시간에
철학을
강의하지
않는다니 이게
뭔 말이야?

저는 외우는 수업 대신,
여러분 스스로 생각하도록
하는 수업을 할 겁니다. 자,
지금부터 제가 질문을 던지
겠습니다.

인간은 원래부터
착한 존재일까요,
아니면 이기적인
존재일까요?

......

흠, 너무 어려운가요?

교수님, 제가 대답해도 될까요?

오, 좋아요. 환영합니다.

전 인간은 이기적이라고 생각합니다. 만일 인간이 착하다면 전쟁이 일어날 리가 없어요.

저는 그렇게 생각하지 않아요!

인간이 이기적이라면 불우 이웃 돕기 같은 건 하지 않을 거예요.

흠, 처음과는 달리 자신의 생각을 나서서 말하고 있군.

이렇게 토론하는 자세 좋아요.
모두들 잘하고 있습니다.

휴, 교수님!
답이 나오지 않아요.

속 시원하게
답을 주세요.

답답해
죽겠어요.

사실, 저도 모릅니다.

네에?

다만 철학 연구라는
것이 답을 찾아가기
위해 고민하는
과정이라는
사실만은 확실히
알고 있죠.

자, 앞으로 30분 동안
여러분만의 답을
찾아보도록 하세요.
이것이 저의 수업
진행 방식입니다.

칸트 선생님의 수업,
정말 신선한데?

대단해. 이것이야말로
물고기를 잡는 방법을
가르쳐 주는 수업이잖아!

칸트는 학생이 스스로 생각하고 판단하도록
도왔습니다. 이러한 칸트의 수업 방식은
학생들에게 인기 만점이었습니다.

여러분. 정확히 30분이
지났습니다. 이제 각자의
의견을 정리해서, 한 명씩
이야기해 보세요.

또한 시간을 정확히 지키는 칸트의 시간관념은
학교에서 큰 화젯거리가 되었습니다.

이제 수업을
마치겠습니다.
제가 문을 열고
계단을 내려갈
때쯤 수업을
끝내는 종이
울리겠네요.

그럼 다음에도 정확한
시각에 뵙도록 하죠.

정말 교수님 말처럼
계단을 내려갈 때쯤
종이 울리는지
보고 오자!

오늘도 교수님은
정확해.

마치 시계
같으시다니까!

따
르
르
릉

칸트의 철저한 시간관념은 어디서나 유명했습니다.

오, 칸트가 나왔어!

이봐, 지금 오후 3시 30분 맞지?

칸트가 집에서 나오는 것을 보니 맞구먼. 얼른 시계를 맞추자고.

기계야, 기계. 어쩜 매일매일 같은 시각에 나올 수 있을까?

정말 한 번도 틀린 적이 없다니까. 대단해.

칸트는 시간을 함부로 쓰는 일이 없었습니다. 그는 정해진 시각에 학교에 가서 열심히 강의하고, 공부했습니다.

칸트는 늘 열심히 수업을 준비했고, 점점 그의 수업을 듣고자 하는 사람들도 늘어났습니다.

지리학 강의

아니, 강의실이 꽉 찼잖아?

제 옆집에 사시는 분이시죠? 여기엔 어쩐 일로…….

공부 좀 하러 왔어요. 칸트 선생 강의가 아주 재미있다는 소리를 들어서…….

일은 어쩌시고요?

소여물은 수업 끝나고 집에 가서 주면 시간이 딱 맞아요.

나도 공부할 자세가 되어 있다니까요.

하하, 저보다도 더 정확하시네요. 좋아요, 모두 환영합니다.

칸트는 일주일에 26시간씩이나 강의하며 가르치는 보람을 느꼈습니다. 그의 강의는 유머 있고 박진감 넘쳐 사람들의 관심을 끌었습니다.

칸트의 강의는 늘 인기였지만, 교수 자리를 얻기는 그리 쉽지 않았습니다. 정해진 월급을 받지 못했기 때문에, 그의 생활은 늘 어려웠습니다.

이번 달에도 방세를 못 내겠다고요?

이봐요! 이 코딱지만 한 집 방세도 내지 못하면 어떡하자는 거예요!

아아, 정말 죄송합니다.

언제까지 기다려야 되죠?

이번 달에 강의료가 들어옵니다. 조금만 더 기다려 주시면……

흥, 그 말 한두 번 듣나 뭐!

정말 죄송합니다, 부인.

칸트, 무슨 일이야. 이 부인은 누구요?

그러는 당신은 누구죠?

허허, 저는 칸트 교수님의 학교 동료입니다만…….

교수님? 방세도 못 내는 교수도 있나? 하여간, 이번 달도 방세 밀리면 쫓겨날 줄 알아요!

저 어이없는 아줌마는 대체 뭐야?

다 내 탓이야. 방세를 내지 못해 집주인이 좀 뿔났거든.

어쩌다 이렇게 된 거야?

괜찮아. 이번 달 말이면 해결할 수 있어. 학생 수가 많이 늘어서, 강의료가 다른 달보다 많이 들어올 것 같아.

흐음…….

자네, 왜 이렇게 나를 빤히 바라보나?

안 되겠다. 자네 나랑 어디 좀 가세.

무슨 말이야? 갑자기 어딜?

사실 말야. 그냥 오래간만에 자네와 차 한잔 하려고 들렀지만……

오늘 여기 와서 자네 집을 보고, 또 자네 옷을 보니 도저히 그냥 갈 수가 없구먼.

내 옷이 어때서 그래. 학문 연구하고 학생 가르치는 강사 비싼 옷이 뭐 필요하다고.

아이고, 이 양반아. 학교 체면도 좀 생각해 주게. 자네는 곧 교수가 될 사람이야.

자네, 날 따라오게. 내가 옷 한 벌 해 줌세.

이봐, 난 됐다니까!

의 상 실

얼른 따라 들어오게.

허허, 참.

으음, 생각보다 괜찮긴 한데…….

오, 이러고 보니 자네도 꽤 잘생긴 편이구먼.

이건 절친한 친구인 자네를 위해 내가 특별히 사 줌세.

칸트, 난 자네의 영원한 지지자야. 자네가 누구보다도 훌륭한 학자가 될 거라고 믿거든.

고맙네.

자네를 생각해서라도, 계속 연구에 매진하겠네. 이 옷도 믿음의 표시라고 생각하고 고맙게 받겠어.

절대 무슨 일이 있어도 학문의 길을 포기하지 않겠어.

그 뒤로도 칸트는 늘 검소한 삶을 살았습니다. 이때 선물받은 옷은 그가 노년이 될 때까지 칸트의 방에 소중히 보관되어 있었답니다.

칸트는 나이 마흔 살이 넘어서까지 사강사로 일했습니다. 그동안 그는 철학, 종교, 자연 과학 등 여러 분야를 연구했습니다.

얼마 전에 논리학에 대해 다룬 자네 논문을 읽어 봤네. 자연 과학, 종교학, 철학까지 대체 자넨 못 하는 게 뭔가?

허허, 비행기 태우지 말게.

천재 철학자, 요즘은 뭘 연구하나?

요즘엔 도통 연구에 갈피를 잡지 못하겠네.

나의 힘을 최대한 쏟아부을 연구 주제를 찾는데…… 글이 도통 쓰이질 않네.

그래도 자네는 잘할 거야. 정말이지 자네같이 뛰어난 학자가 교수 임용이 안 되다니, 말도 안 돼.

에이, 너무 띄우지 마시게.

참! 루소의 신간이 나왔다는 거 알고 있나?

루소의 신간? 언제?

바로 어제 나왔다네.
따끈따끈한 정보지?
나와 같이 서점에 가지
않겠나?

응?
어디 갔지?

허허,
빠르기도 하지.

루소!
루소의 신작이
나왔어!

화제의 신작

Emile

1762년, 철학자 루소의 《에밀》이
발간되었습니다. 칸트는 평소
루소의 책에 많은 관심을 갖고
있었습니다.

《에밀》은 어린아이의 이름이었어.
이 책은 아무것도 모르는 갓난아기를
성인이 되기까지 훌륭히 길러 내는
내용을 담고 있구나!

얼른
집에 가져가서
읽어 봐야겠어.

어머, 지금 몇 시지?

3시 30분이네!

칸트 씨가 산책 나올 때가 됐는데, 오늘 웬일이래. 혹시 무슨 일 있는 거 아닐까?

아하!

그래~ 바로 이거야!

앗, 산책 시간이 지났군! 나가서 마저 읽어야겠다.

안녕하세요? 오늘은 책을 읽느라 좀 늦었습니다.

무슨 일이라도 있는 줄 알았네요, 호호.

오, 《에밀》의 내용은 정말 흥미진진해. 어린아이의 성장을 이렇게 소중히 여기다니.

당시는 왕과 귀족이 있던 시대로, 평민이나 어린아이는 아무것도 모르고 수준이 낮은 존재로 여겨졌습니다. 이런 시대에 평민 어린아이가 스스로 성장하는 모습을 담고 있는 루소의 《에밀》은 시대를 앞서 나가는 작품이었습니다.

지금껏 사람들은 어린아이가 아무것도 모르는 무지한 존재라고 여겨 왔는데! 루소는 어린아이를 있는 그대로 존중하며 교육해야 한다고 말하고 있어!

칸트는 《에밀》을 읽으며 인간 존중에 대한 깨달음을 얻었습니다.

무지하게 여겨졌던 어린아이에 대한 교육을 책으로 내다니, 정말 참신한 교육 이론이야!

그래. 나도 루소처럼 지금까지의 틀을 깨는 학문을 하자!

처음으로 돌아가서 다시 시작해 보는 거야.

칸트는 여러 편의 철학 논문을 써냈고, 철학자로서 명성도 점점 높아졌습니다.

벌컥

칸트! 자네 소식 들었나?

자네의 글이 베를린 학술원 논문 공모에 2등을 했다네!

오, 정말인가?

이제 자네의 학문이 드디어 인정받기 시작하나 봐! 교수로 임용될 날도 머지않았네!

허허, 난 아직 많이 부족한 사람일세.

대학 시절 고민했던 철학 법칙의 완성을 위해 계속 노력해야지.

드디어 1770년, 칸트는 쾨니히스베르크 대학교의 정교수로 임명되었습니다.

여기가 교수실입니다.

드디어 내가 태어나고 자란 이곳에서 대학교 교수로 자리잡게 되었어!

이제 조금이나마 안정적인 생활을 할 수 있게 됐어.

지금부터는 걱정 없이 철학 법칙 완성을 위해 내 모든 것을 쏟아붓겠어.

# 우리나라의 철학자와 사상

통 합
지 식 + 4

우리나라의 철학은 국가의 공식 종교나 통치 이념이 되었던 불교나 유교 사상의 영향을 많이 받았습니다. 불교문화가 꽃피기 시작한 삼국 시대에는 원효, 의상과 같은 승려들이 불교문화를 계승하고 연구했지요. 또 조선 시대에는 유교가 크게 발전하여서, 이황이나 이이의 사상은 동아시아 국가에 영향을 미칠 정도가 되었답니다. 그런가 하면 조선 후기에는 실학과 같은 새로운 학문을 연구하는 학자들이 나타났습니다.

그럼 우리나라 철학이 역사에 따라 어떻게 변했는지와 다양한 철학자들의 사상에 대해 알아볼까요?

의상 대사가 문무왕 때 처음 지었다고 알려진 범어사. 우리나라는 삼국 시대부터 불교문화를 꽃피웠습니다.

### 하나    불교

신라는 고구려, 백제보다 늦은 527년에야 불교를 받아들였습니다. 이때 원효, 의상과 같은 승려들이 불교를 크게 발전시켰습니다. 통일 신라 시대가 끝난 뒤에는 왕건이 고려를 세웠습니다. 고려는 처음부터 불교를 국가의 기본 이념으로 받아들였고, 고려 불교의 중심에는 승려 일연이 있었습니다.

**원효와 의상**

신라의 승려인 원효(617~686년)와 의상(625~702년)은 같은 시대를 살았지만, 추구하는 세상은 달랐습니다. 661년, 원효와 의상은 당나라로 함께 떠나기로 마음먹었습니다. 당나라의 발전된 불교를 배우고 싶었기 때문이지요. 한참을 걷다가 둘은 날이 어두워져 동굴에서 자기로 했습니다.

원효 대사와 의상 대사는 우리나라의 불교문화를 발전시켰어요.

104

그러다 한밤중에 원효는 목이 말라 잠에서 깼고, 바가지에
담긴 물을 맛있게 먹었지요. 그런데 아침에 일어나 보니,
그 물은 바가지에 담긴 깨끗한 물이 아니라 해골에 고인
물이었다는 것을 발견합니다.

원효는 이 일을 계기로 진리는 당나라에 있는 것이
아니라, 자신의 마음속에 있다는 사실을 깨닫게 돼요.
그는 이 깨달음을 세상에 널리 알리기로 결심하고, 신라에
머물며 일생 동안 150권이 넘는 책을 남겼답니다.
한편 의상은 그대로 당나라 유학길에 올랐고, 당나라의
승려 지엄의 아래에서 화엄종에 대해 공부했어요.
화엄종은 중국 당나라 때에 성립된 불교의 종파 중
하나인데, 천태종과 함께 불교의 쌍벽을 이루고
있었지요. 의상은 671년에 신라로 돌아와 화엄종을
널리 알렸습니다.

서울 효창 공원에 있는 원효 대사 동상입니다.

## 일연

고려 후기는 매우 혼란스러웠습니다.
나라 안으로는 무신 정권이 들어서 권력을
쥐고 흔들었고, 바깥으로는 몽골이 침략해
왔지요. 일연(1206~1289년)은 이렇게
혼란스러운 시대에 태어났습니다. 일연은
열네 살에 출가하여 승려가 되었고, 일흔여덟
살에는 국사의 자리에 올랐습니다. '국사'는
당시 한 나라의 정신적 스승이라고 할 수 있을
만큼 중요한 위치의 벼슬이었어요.
일연의 가장 큰 업적 중 하나는 《삼국유사》를
저술했다는 것이에요. 이 책은 고구려, 백제,
신라의 삼국 외에도 고조선 등의 역사까지 담고
있어요. 내용은 불교에 관련된 것이 많은데, 여러 설화나
전설도 많아 역사를 연구하는 데 큰 도움이 되고 있습니다.

전남 구례의 화엄사. 통일 신라 시대에 창건되어 화엄종을 널리
알렸습니다.

둘 유교

조선은 유교를 국가의 기본 이념으로 삼았습니다. 유교는
공자가 세운 학문인 유학을 출발점으로 해요. 조선 시대
사람들은 모두 유교의 가르침에 따라 생활하게 되었고,
백성들은 일상생활에서 삼강오륜을 따라야 했지요.
삼강오륜이란 유교의 도덕에서 기본이 되는 세 가지의 강령과
지켜야 할 다섯 가지의 도리를 말해요. 군위신강(신하는
임금을 섬겨야 한다), 부위자강(아들은 아버지를 섬겨야
한다), 부위부강(아내는 남편을 섬겨야 한다)이 바로 세 가지
강령의 내용이에요.
다섯 가지 도리는 부자유친(부모는 자식에게 인자하고
자녀는 부모에게 존경과 섬김을 다해야 한다),
군신유의(임금과 신하 사이에는 의리가 있어야 한다),
부부유별(남편과 아내 사이에는 서로 분별이 있어야 한다),
장유유서(어른과 어린이 사이에는 엄격한 차례와 질서가
있다), 붕우유신(벗과 벗 사이에는 믿음이 있어야 한다)을
말합니다.
조선의 대표적인 학자로는 이황과 이이가 있습니다.
이들은 유학에서 뻗어져 나온 성리학을 공부하면서 조선의
통치 규범을 세웠답니다.

이황의 동상. 이황은 조선 성리학을 공부하여, 나라
의 통치 규범에도 영향을 주었습니다.

## who? 지식사전

### 유교의 기본 원리를 담은 교과서, 소학

김홍도의 〈서당〉. 조선 시대에는 소학을
통해 유교의 기본 원리를 가르쳤습니다.

소학은 유교의 기본 원리와 행동 지침을 담은 책으로, 조선 중기 이후부터 어린아이들이
유교에 대해서 배우는 기초적인 교재로 사용되었습니다. 유교에서 충성과 효도를
중요하게 생각했던 만큼, 책에는 주로 예의범절에 대한 교훈이나 나라에 충성한 신하,
부모를 공경한 효자의 이야기가 많답니다.

## 셋 실학

조선 후기에 들어서 나라의 상황은 매우
혼란스러워졌어요. 땅을 가진 지주는 횡포를
부렸고, 땅을 빌려 농사를 짓는 소작농의 삶은
비참해졌습니다. 여기저기서 살기 어렵다는
백성들의 원성이 자자했지요. 이런 상황 속에서
일부 학자들은 유학만 고집할 것이 아니라, 진짜
백성들의 삶에 필요한 것이 무엇인지 고민해
보게 되었습니다. 사회가 맞닥뜨린 모순과 현실을
개혁하고자 했던 것이지요.

이렇듯 17세기 이후에 나타난, 사회의 현실적인
문제들을 해결하기 위해 연구한 학문을 '실학'이라고
합니다. 실학자들은 생활과 동떨어져 있던 유학을 공부하는
것에서 벗어나, 조금 더 과학적이고 실용적인 학문을
연구하고자 했습니다. 그들은 과학 기술의 발전이 백성의
삶을 풍요롭게 만들어 줄 것이라고 생각했지요. 세계 지도나
자명종, 성을 쌓을 수 있는 거중기 등이 이때 만들어졌습니다.

조선의 실학 정신이 반영된 수원 화성

대표적인 실학자로는
박지원, 박제가, 홍대용,
정약용 등이 있어요.

## 정약용

정약용(1762~1836년)은 18세기의 대표적인 실학자예요. 1796년에 정조의 명령을 받아 수원 화성을 건설했는데, 이때
거중기를 사용해 일의 효율을 높였지요. 거중기는 도르래의 원리를 이용해 적은 힘으로도 무거운 돌을 들어 올릴 수 있어서
편리했습니다. 거중기를 사용한 덕분에, 처음에 10년 정도 예상했던 공사 시간이 34개월 정도로 확 줄어들었습니다.
정약용은 다른 나라의 앞선 학문을 공부하며, 어떻게 하면 백성의 삶의 질을 향상시킬 수 있을지 고민했어요. 그러나 정약용은
정조가 세상을 떠나고 난 뒤 신유박해(1801년 신유년에 일어난 천주교도 박해 사건)에 휘말려 귀양을 떠나게 되고, 그의 귀양
생활은 18년이나 계속되었습니다. 정약용은 귀양살이를 하면서도 《목민심서》와 같은 훌륭한 저서를 내놓았습니다.

# 5 이성을 비판하다

칸트는 교수로 임용된 뒤,
조그만 방을 얻을 정도의
여유가 생겼습니다. 여기엔
작은 서재도 딸려 있었습니다.

칸트는 여전히 단 하루도 연구를
게을리하는 법이 없었습니다.

으,
손이 닿지 않는군.

끙...

됐다!

아, 이렇게 내 손에 책이 닿지 않을 때, 나에게 손수 책을 건네주시던 분이 있었어.

앞으로 내 서재에 언제든 와도 좋아. 대신 여기 있는 책을 다 읽고 훌륭한 사상가가 되게. 나는 자네를 믿어.

크누첸 교수님……. 그분이 있었기에 내가 여기까지 올 수 있었어.

똑 똑‥

응? 이 시간에 누구지?

교수님, 교수님의 제자 헤르츠라는 사람이 찾아왔어요.

오, 헤르츠! 무슨 일인가?

교수님 뵈러 왔지요.

내일이 교수님 연구를 발표하는 날이잖아요. 긴장돼서요.

나보다 더 긴장하는군. 지금은 산책 시간이니, 나가서 이야기하세.

아, 이 자연의 향기! 산책을 할 때에는 마음을 비우고, 자연 그대로를 느껴 보게.

이곳으로 집을 옮긴 뒤 더 건강해지신 것 같아요.

그럼, 세상을 깜짝 놀라게 할 이론을 연구하려면 늘 건강해야지. 그래서 내가 늘 규칙적인 생활을 하는 거라네.

세상을 깜짝 놀라게 할 이론요?

응, 나는 지금껏 인간의 이성에 대해 고민해 왔어. 이건 예전부터 쭉 생각해 왔던 주제야.

인간의 이성요? 그거라면 저도 잘 알고 있어요!

인간이 동물과 다른 점은 바로 이성이 있다는 것이잖아요.

인간이 해야 할 일과 하지 말아야 할 일을 아는 건 모두 우리의 이성 덕분이라고요.

그래, 그런데 과연 인간의 이성은 믿을 만한 것일까?

그게 무슨 말씀이세요?

하하, 일단 내일 학교에서 보세.

칸트의 논문 발표회.

저의 연구 발표회에 오신 여러분을 환영합니다.

저는 이번에 인간의 이성에 대해 연구해 볼 생각입니다.

우리는 지금까지 인간의 이성으로 무엇이든지 알 수 있다고 생각해 왔습니다.

흐음.

맞습니다. 수학적 지식은 이성을 통해야만 알 수 있습니다.

'삼각형 내각의 합은 180°'와 같은 수학적 사실을 알 수 있는 건, 인간이 논리적으로 생각할 수 있는 존재이기 때문이죠. 즉, 인간의 이성 덕분입니다.

과연 그럴까요?

논리적으로 생각해 문제가 없으면, 그것은 참이 될까요?

인간의 이성에 대한 연구는 10년이 넘게 걸리는 험난한 길이 될지도 모릅니다. 하지만 전 꼭 비밀을 풀고 말 것입니다!

저의 연구는 지금부터 시작입니다. 지켜봐 주십시오.

칸트는 단호했지만, 대부분의 학자들은 칸트의 생각을 이해하지 못했습니다.

아이고, 무슨 말인지 모르겠네.

얼른 일어나서 밥이나 먹으러 가자고.

후유, 장관님. 대체 칸트가 무슨 말을 하는지 모르겠네요. 이제 슬슬 일어날까요?

그래요? 나는 왠지 칸트가 대단한 발견을 할 것 같은 느낌이 들어요.

휴, 이제 끝났군.

텅~

교수님, 웬 한숨이세요?

나의 부족함을 잘 알기 때문이지. 아직 내 논문은 많이 부족해.

이성을 어떻게 비판할 것인가! 아까 말한 대로 적어도 10년은 걸리는 연구가 될 거라네.

10년이나요?

시간이 얼마가 걸리든, 칸트 교수의 연구는 꼭 빛을 볼 수 있을 겁니다.

당신은 누구시죠?

아, 소개가 늦었소.

나는 나라의 교육 업무를 맡아보는 체틀리츠 장관이오. 오늘 발표회를 보고, 당신의 연구에 흥미가 생겼어요. 앞으로 지켜보겠습니다.

감사합니다. 최선을 다하겠습니다.

칸트는 인간의 이성과 관련된 비밀을 풀기 위해 매일같이 연구해 나갔습니다.

어떻게 하면 저렇게 하루 종일 공부만 할까? 참 신기해.

칸트 교수님 강의는 정말 시대를 앞서간다니까. 게다가 매사에 정확하시지.

큭큭, 너도 매사에 너~무 정확해서 수업 때마다 규칙적으로 졸잖아.

칸트는 연구하는 와중에도 강의를 쉬지 않고 학생을 열심히 가르쳤습니다. 그러는 사이 칸트의 수업을 듣는 학생의 수도 점차 늘어 갔습니다.

아니거든? 칸트 교수님 강의 땐 한 번도 졸았던 적이 없거든?

저기 두 학생이 소곤거리는 바람에 한 가지를 빼놓았지만, 수업을 마칠 시간이 다 됐으므로 내일 다시 설명하도록 하죠.

이크!

하지만 몇 년이 지나도 칸트는 논문을 한 편도 써내지 못했습니다.

칸트 교수님께서는
아직 연구 중입니다.
조금만 더 기다려
주시면……．

허허, 몇 년을 더 기다려야 하나.
지금까지 연구한 내용이라도
좀 내놓지 그래.

자네 혹시 무능해서
논문 한 편도 못 쓰는
건 아닌가?

무능이라고요?
지금 칸트 교수님이
무능하다고
하셨습니까?

저는 남들에게
보여 주기 위한 논문이 아닌,
저 스스로 만족할 만한 완벽한
논문을 내고 싶습니다.

지금 제 서랍
속에는 세상을
바꿀 원고가
들어 있습니다.

허허, 말은 누가 못 하나.
자넨 이미 그른 것 같군.

그럼 우린 가네. 내일 발표회를
준비해야 해서 말이야.

저런!

10년 가까이 논문을 한 편도 발표하지 않았던 칸트는 동료 교수들 사이에서 무능한 사람이라며 오해받기 일쑤였습니다.

처음부터 쉽지 않은 길이었는걸. 하지만 이제 곧 논문을 완성할 수 있을 것 같아.

저 사람들의 뻐기는 모습은 언제 봐도 화가 나요! 교수님은 분하지도 않으세요?

정말인가요?

지난 10년이 헛되지 않았다는 걸 수많은 사람들에게 보여 주겠네.

자네, 궁금하면 잠깐 내 서재에 오게. 맛보기로 조금 보여 줄 테니.

이 논문이 곧 책으로 나온다는 거죠? 책 제목이 뭔가요?

글쎄. 멋있는 제목을 짓고 싶은데, 나도 고민 중이네.

무슨 내용이죠?

예전에 내 논문 발표회 때 들었지? 인간의 이성을 지나치게 믿어서는 안 된다고 했던 것 말이야.

기억나요. 하지만 그때 교수님은 인간의 경험을 그대로 믿을 수도 없다고 하셨잖아요.

어떤 학자들은 인간의 이성이 중요하다고 하고, 어떤 학자들은 인간의 경험이 우선이라고 하니, 뭐가 뭔지 헷갈려요.

그래, 난 지금껏 그 비밀을 풀기 위해 오랫동안 고민했던 거야.

그리고 난 깨달았지. 경험과 이성 둘 다 인정해야 한다는 것을 말이야!

우리 인간은 경험을 통해 진리를 얻지. 수많은 과학 실험을 반복해 결과를 얻어 내지 않는가!

하지만 경험이 전부는 아니야. 우리는 이미 인간의 이성을 통해 알고 있는 사실이 있거든.

인간의 이성과 경험이 어우러져 하나의 진리를 발견할 수 있도록 돕는 것이야!

당시 철학자들 사이에서는 인간의 이성이 먼저인지, 경험이 먼저인지를 두고 여러 가지 의견이 있었습니다. 이에 칸트는 두 이론을 종합해 자신만의 이론을 세웠습니다.

그리고 또 하나. 이성을 전지전능한 신처럼 여겨서는 안 돼.

이성으로 알 수 없는 것도 있나요?

귀신이 있는지 없는지, 신이 있는지 없는지는 이성으로 증명할 수 없어. 그건 처음부터 이성으로 연구하려고 해선 안 되는 거야.

네? 신이 없다고요?

신이 없다는 게 아니라, 신이 있는지, 없는지 '이성'으로 밝혀낼 수 없다는 거야.

후유, 전 또……. 신이 없다고 하면 교회에서 들고일어날 거라고요. 얼른 교수님의 책을 읽어 보고 싶어요.

허허, 마무리하는 중이니 조금만 더 기다리게.

다른 학자들의 비아냥거림 속에서도, 칸트만의 철학 법칙은 완성되어 가고 있었습니다.

그러던 어느 날, 칸트의 집에 손님이 찾아왔습니다.

교수님, 손님이 찾아오셨어요.

체틀리츠 장관님이라고 하시는데요.

체틀리츠 장관님? 어서 들어오시라고 하게.

칸트, 오랜만이에요. 날 기억하나요?

그럼요. 예전에 논문 발표회 때 뵌 적이 있었죠.

오, 기억하는군요. 내가 이렇게 찾아온 건, 당신을 우리 대학교로 데려오고 싶어서예요.

선생의 뜻은 잘 알겠소.

우리 대학으로 모시고 갈 순 없지만, 당신의 연구는 늘 기대하고 있습니다. 조만간 또 봅시다.

감사합니다, 체틀리츠 장관님.

결국 칸트는 쾨니히스베르크 대학교에 머무르기로 했습니다. 자신이 태어나고 자란 곳인 쾨니히스베르크를 진심으로 사랑했기 때문입니다.

그리고 1781년, 드디어 10년간 연구한 칸트의 결과물이 세상의 빛을 보는 날이 왔습니다.

아, 드디어 끝났다!

탁...

인간의 이성을 비판한 책이니 《순수 이성 비판》이라고 해야겠다.

-순수 이성 비판-

드디어 인간 이성의 한계를 제대로 짚은 책이 나온 거야!

하지만 《순수 이성 비판》에 대한 사람들의 반응은 싸늘했습니다.

자네, 이 책 읽어 봤나?

이거 봐, 800페이지가 넘어. 도대체 무슨 얘기를 하는 건지……

어이쿠, 난 포기야 포기!

우리 점심이나 먹으러 가자고.

책의 내용을 이해하지 못하는 것은 칸트가 아끼는 제자 헤르츠도 마찬가지였습니다.

아…… 이 책이 그렇게 어렵게 느껴진단 말인가.

교수님, 아무리 생각해도 너무 어려워요. 하나도 이해하지 못하겠어요.

게다가 책의 내용 중 '신'을 언급한 부분에서 종종 오해를 받아 곤란한 일도 생겼습니다.

뭐야? 신이 있는지 없는지 알 수 없다고?

네, 신부님. 칸트라는 철학자가 인간의 이성으로는 신의 존재를 확인할 수 없다고 했어요.

뭐야? 그럼 신이 없다는 거야?

여기 보면 이성으로는 신의 존재를 증명할 수 없다고……

그럼 신이 없다는 말이잖아! 에잇, 내 칸트를 가만두지 않겠어.

지금부터 이 강아지더러 '칸트'라고 불러라! 감히 교회를 모독해? 절대 용서하지 않겠어!

칸트는 이성으로 신의 존재를 증명할 수 없다는 것이었지, 신이 없다고 말한 것은 아니었습니다. 하지만 이것만으로도 교회의 미움을 사기에는 충분했습니다.

왈 왈

《순수 이성 비판》은
내 온 힘을 쏟아부은
결과물이었어.
그런데…….

결국 칸트의 《순수 이성 비판》은
아무도 이해하지 못하는 어려운
책이 되어, 철저히 무시받았습니다.

내 책을 아무도 이해하지 못하다니.
정말로 내 이론을 알아줄 사람은
이 세상에 없단 말인가…….

# 임마누엘 칸트의 모든 것

### 하나 ⟩ 칸트가 살았던 나라, 프로이센

프리드리히 빌헬름 1세의 동상 ⓒ ra_o

임마누엘 칸트는 1724년 프로이센 왕국의 쾨니히스베르크에서 태어났어요. 프로이센 왕국은 지금 독일의 모태가 되는 국가입니다. 17세기까지만 해도 프로이센 왕국은 왕국이 아니라, '프로이센 공국'이었어요. 여기에서 공국은 왕이 아닌 귀족이나 공작이 다스리는 작은 나라를 말하지요. 프로이센 공국은 몇 세기에 걸쳐 계속해서 영토를 확장시켰고, 1701년에 프리드리히 1세(1657~1713년)가 즉위했습니다. 이리하여 프로이센은 이제 공국이 아니라 '왕국'으로 거듭나게 되었습니다. 두 번째 왕, 프리드리히 빌헬름 1세(1688~1740년)는 프로이센 왕국의 권력을 한곳으로 집중시키고자 노력했습니다. 나라의 군대를 기르고 권력을 정비한 프로이센 왕국은 1871년 독일을 통일하여 독일 제국이 되었고, 한동안 유럽의 강국으로 자리매김했습니다.

## who? 지식사전

프로이센의 수도였던 쾨니히스베르크

### 칸트의 고향, 쾨니히스베르크

임마누엘 칸트는 프로이센의 쾨니히스베르크(지금의 러시아 칼라닌그라드)에서 태어났는데, 일생 동안 그곳을 떠나 살았던 적이 한 번도 없다고 해요. 그는 쾨니히스베르크에서 태어나, 그곳에서 공부하고, 쾨니히스베르크 대학교의 교수가 되어 평생을 살았습니다. 칸트가 마을을 멀리 떠났던 건, 가정 교사 생활을 하면서 잠시 여행을 했던 일 정도를 꼽을 수 있을 정도입니다. 이렇듯 칸트는 바깥세상을 풍부하게 경험하지는 못했어요. 그런데 신기하게 어떤 탐험가보다도 세상일에 대해 더 자세히 알고 있었다고 해요. 수많은 책을 읽고 연구하면서 간접적으로 바깥세상에 대한 정보를 얻었기 때문이지요.

## 둘  칸트가 살았던 시대의 왕

칸트가 살던 1724년부터 1804년 사이에 프로이센에는
네 명의 왕이 거쳐 갔습니다. 프로이센 왕국의
중앙 집권화를 이룩한 프리드리히 빌헬름
1세부터 프리드리히 2세(1712~1786년), 프리드리히
빌헬름 2세(1744~1797년), 프리드리히 빌헬름
3세(1770~1840년)입니다.

프리드리히 빌헬름 2세의 초상화

프리드리히 빌헬름 1세가 프로이센을 통치할 때,
나라에 큰 문제를 일으켰던 적은 없었습니다. 그런데
프리드리히 빌헬름 2세는 방탕하고 지도력이 떨어진다는
좋지 못한 평가를 받는 왕이었지요. 게다가 이웃 나라
프랑스에서 혁명이 일어나자, 위기를 느낀 프리드리히
빌헬름 2세는 프로이센에서 혁명이 일어나지 못하도록
사람들을 억압했습니다. 그때부터 그는 종교와 출판의 자유를
엄격하게 제한하려 했지요. 이때 칸트 역시 왕의 명령 때문에
한동안 종교적인 글을 쓰지 못하게 되었습니다. 칸트에
대한 집필 금지령은 프리드리히 빌헬름 3세가 즉위하면서
해제되었습니다.

프로이센 왕국의 국장

## 교사로서 칸트의 모습

칸트의 초상화 ⓒ EL Bibliomata

위대한 학자로 불리는 '임마누엘 칸트 교수님'의 모습은 어땠을까요? 칸트는 매 수업
시간마다 학생을 성심성의껏 가르쳤다고 합니다. 학생들은 뛰어난 철학자이며 훌륭한
선생님인 칸트를 마치 신처럼 대우해 주었습니다. 칸트는 단순히 수업을 하는 데
그치지 않고, 학생들의 건강까지도 챙겨 주는 교수님이었습니다. 학생들의 인성을
바로잡는 데에도 관심이 많아서, 학생이 돈을 낭비하거나 상식에 어긋나는 일을
하면 아주 엄하게 대했지요. 또한 칸트는 종종 가난한 학생에게 장학금을 구해 주고,
기숙사를 무료로 제공해 주기도 했습니다. 이렇듯 임마누엘 칸트는 학생에게 엄해야 할
때와 인자해야 할 때를 알았던 교수님이었지요.

셋    칸트의 《순수 이성 비판》

여러분은 닭이 먼저라고 생각하나요, 아니면 달걀이 먼저라고 생각하나요? 아무리 생각해도 둘 중 어느 것이 먼저인지 단정 지을 수 없습니다. 그런데 우리는 종종 아무리 고민해도 알 수 없는 문제에 대해 자꾸 알고자 하지요. 마치 닭과 달걀을 두고 고민하는 것처럼 말이에요. 이것은 우리가 '인간은 스스로 생각할 줄 아는 이성을 가진 존재'라고 믿고 있기 때문입니다. 물론 실제로 인간은 이성이 있기에 논리적으로 생각하고 판단할 수 있습니다.

하지만 인간이 이성을 갖고 있다고 해서 모든 것을 알 수는 없어요. 그래서 칸트는 '인간의 이성이 무엇을 알 수 있는가.'에 대해 끊임없이 고민했습니다. 그는 이성으로 통하는 과학의 세계와 과학이 밝힐 수 없는 세계로 나누어 생각해야 한다고 보았습니다. 또한 신의 세계는 과학으로 증명할 수 없다고 생각했습니다.

《순수 이성 비판》을 낸 뒤로 칸트는 《실천 이성 비판》, 《판단력 비판》을 내놓았고, 세상을 떠날 즈음에 그는 전설적인 철학자로 우뚝 서 있었습니다.

칸트가 쓴 《순수 이성 비판》의 초판 본 표지

## who? 지식사전

### 내 마음속의 도덕 법칙

칸트는 《실천 이성 비판》을 통해 도덕 법칙과 이성에 대해 이야기했습니다. 그는 우리 안에 있는 절대적인 도덕 법칙을 반드시 따라야 한다고 강조했어요. 그에게 있어 선한 행위란 우리가 마땅히 지켜야 할 도덕 법칙을 따르는 것이었습니다. 칸트는 '저 사람을 돕는 것이 나에게 도움이 될까?', '불쌍하니까 저 사람을 도와야 할까?'와 같이 이것저것 재고 고민하는 행동은 옳지 못하다고 생각했어요. 칸트는 나의 이익이나 쾌락을 따지지 않고, 도덕적인 의무에 따라야 한다고 여겼지요. 칸트의 묘비에는 이런 말이 적혀 있습니다.

"내 머리 위에 별이 빛나는 하늘과 내 마음속의 도덕 법칙"

칸트는 도덕 법칙을 따르기로 결심하는 일만이 인간을 선하게 만든다고 보았습니다.

**칸트에게 영향을 준 사람들**

칸트에게 영향을 미친 사람들 중에는 아이작
뉴턴(1642~1727년)이 있습니다. 뉴턴은 중력을 발견한
과학자입니다. 칸트는 대학 시절 뉴턴의 책을 읽고,
과학의 세계에 푹 빠졌어요. 칸트는 뉴턴의 과학 법칙을
반박할 수 없는 진리로 여겼고, 인간의 인식 능력이
어디까지기에 뉴턴이 이렇게 훌륭한 과학 법칙을 발견할
수 있는지 궁금해했습니다. 그는 《순수 이성 비판》을 통해
이를 이해하고자 노력했지요.

고드프리 넬러가 그린 아이작 뉴턴의 초상화

철학자 장 자크 루소(1712~1778년) 역시 칸트에게 큰
영향을 주었습니다. 칸트는 그의 책 《에밀》에 감탄했습니다.
《에밀》에는 '에밀'이라는 한 아이가 태어날 때부터 스물다섯
살이 될 때까지 받은 교육의 내용이 담겨 있습니다. 칸트는
당시 무지하다고 여겨 왔던 아이의 인격을 존중하며 기르는
내용이 담긴 《에밀》을 보고, 인간의 존엄성에 대해 깨닫게
되었습니다. 《에밀》을 읽고 칸트 역시 인간 중심의 철학을
하기로 마음먹게 되었지요. 뒷날 칸트는 인간의 자유와
평등의 가치를 중요하게 여기는 대표적인 계몽주의 철학자가
되었습니다.

## 루소 때문에 산책 시간을 놓치다

칸트는 일생 동안 굉장히 규칙적인 생활을 한 것으로 유명해요. 칸트는 기상 시간, 산책
시간, 홍차 마시는 시간, 책을 쓰는 시간 등을 모두 정해 놓았어요. 칸트는 매일매일
계획을 어기지 않고 실행했는데, 일생에 단 두 번 산책 시간을 어긴 적이 있다고 해요. 한
번은 프랑스 혁명의 소식을 들으러 가느라, 한 번은 루소의 《에밀》을 읽느라 산책 시간을
어겼지요. 이 일화를 통해 칸트가 얼마나 루소의 사상에 감동을 받았는지 알 수 있습니다.
검소한 칸트의 소박한 집에는 딱 하나의 액자가 걸려 있었는데, 그것은 바로 루소의
초상화였다고 합니다.

장 자크 루소의 초상화

# 철학의 중심에 서다

**6**

오늘은 저 양반이 좀 이상한데? 어깨가 천근만근 무거워 보여.

그러게나 말이야. 대체 무슨 일이지?

10년을 준비한 내 연구가 이렇게 무시받다니. 난 무엇을 위해 지금껏 노력해 온 거지?

교수님! 어디 갔다 이제 오세요. 오늘 편지가 한가득 왔다고요.

편지가?

칸트 교수님, 홍차 드실 시간입니다.

고마워. 늘 차 마실 시간을 정확히 맞춰 주는군.

하하, 교수님을 닮아 저도 시간만큼은 확실히 지키고 있어요.

역시 내 비서 역할을 착실히 해 주는군.

나의 충실한 비서라면 혹시 이 책을 읽어 보았나?

아아, 읽어는 봤는데 뭐가 뭔지 잘 모르겠더라고요.

어쨌든 사람들이 교수님을 비난하는 건 정말 듣기 싫어요.

얼마 전에는 옆집 아주머니가 교수님이 신이 없다고 그랬다며 욕을 하더라고요.

아, 그건 잘못 이해한 것일세.

나는 이성으로 모든 것을 알 수 없다고 했지. 신이 없다고 하지는 않았어. 나도 종교를 갖고 있지 않은가. 그건 사람들의 오해야.

휴, 그럼 다행이에요. 얼른 사람들이 칸트 교수님의 철학을 인정해 주어야 할 텐데요.

1783년, 칸트는 고민 끝에 《프롤레고메나》라는 《순수 이성 비판》의 요약본을 출간했습니다. 이 책은 《순수 이성 비판》을 좀 더 알기 쉽게 풀어 설명한 것이었습니다.

프롤레고메나

-나는 이성이라는 독단의 잠에서 깨어났다-

됐어. 이제 많은 사람들이 나의 철학을 이해할 수 있을 거야.

칸트 양반이
또 책을 냈구먼.
보나 마나
어렵겠지?

오, 아닐세! 생각보다 알기 쉽게
설명되어 있어.

우리 이성이 어디까지 알 수
있는지에 대해 조목조목
비판하고 있잖아!

그, 그래?

이봐, 나 집에 가서 얼른
읽어야겠어. 이따 보자고!

같이 가,
이 양반아!

어렵고 복잡한 《순수 이성 비판》과는
달리, 《프롤레고메나》는 비교적 쉽게
쓰여 많은 사람들에게 읽혔습니다.

정말이야?

와, 나도 책
읽어 보고 싶다!

칸트 교수님 책
읽어 봤어?
정말 대단하더라고!
인간 이성의 한계에
대한 날카로운 시각을
보여 주고 있어.

너도 한 권 사면 되잖아.

휴, 학비 내기도 빠듯해서 책을 살 돈이 없어.

그래도 강의를 들을 수 있는 게 어디야. 우리 얼른 칸트 교수님 수업 들으러 가자!

여러분께 질문을 하나 던지죠.

닭이 먼저일까요, 아니면 달걀이 먼저일까요?

닭이 먼저예요!

이유가 뭐죠?

닭이 달걀을 낳으니까요!

오, 그래요? 그럼 닭은 어디서 나왔을까요?

흠, 그리고 마지막에 대답한 학생은 수업이 끝나고 잠시 나에게 들러요.

으으, 내가 무슨 잘못을 했나?

자, 이 책을 받아. 내가 쓴 책인 《순수 이성 비판》 이라네.

저에게 책을 주신다고요?

자네는 매번 열심히 수업을 듣지만, 책 없이 오지 않았나.

아, 교수님!

책이 읽고 싶으면, 언제든 내 서재의 책을 빌려주겠네.

와, 서재의 책을요?

단, 조건이 있어. 당장 책 한 권을 살 돈이 없더라도, 절대 공부를 포기하지 말게.

나 또한 예전에는 자네처럼 가난했어. 그래도 포기하지 않으면 언젠가 길이 열리니, 끝까지 열심히 해 보게.

흑흑, 교수님……. 감사합니다.

칸트는 학생들로부터 지성과 덕을 갖춘 교수라는 평가를 받게 되었습니다.

학자로서 명성이 높아진 칸트는 1786년, 그의 나이 예순세 살에 쾨니히스베르크 대학교의 총장이 되었습니다.

내가 태어나고 자란 이곳, 쾨니히스베르크에서 학생들에게 진리를 전달할 수 있게 되어 정말 기쁩니다. 앞으로도 최선을 다하겠습니다.

칸트 총장님은 죽어 가는 철학을 살려 내신 분이야! 그렇지?

맞아, 맞아.

자, 그러면 지금부터 칸트 총장님께 바치는 시를 낭독하겠습니다.

그런데 여전히 칸트의 새로운 이론에 불만을 품는 철학자도 있었습니다. 1786년 프로이센의 마르부르크 대학교에서는 칸트와 관련된 모든 강의를 금지해 버렸습니다.

이성 비판? 해괴망측하기 이를 데 없군.

지금까지의 철학을 깡그리 무시하는 거야?

그렇지 않습니다!

아무튼 난 인정할 수 없소. 앞으로 이 학교에서 칸트의 책으로는 절대 강의하지 마세요.

총장님! 그럴 순 없습니다!

베링 교수, 교수직을 그만두고 싶으면 계속 칸트의 책으로 가르치든지요.

이, 이런!

총장님!
어떻게 이럴 수 있죠?

마르부르크 대학교에서
총장님과 관련된 모든 강의를
금지했대요!

하하, 그 이야긴 이미
들어서 알고 있어.

가만히 계실 거예요?
총장님을 뭘로 보고……

괜찮아. 나의 《순수 이성 비판》은
10년을 걸려 완성한, 제대로 된
철학 이론을 담은 책이야.

시간이 흐르면 모두들
내 마음을 알아주겠지.

그곳의 베링이란 교수가
이미 나에게 편지를 보내 왔어.
나의 이론을 지지한다고,
기다려 보라고 말하더군.

자신의 학문에
자신감 넘치는 교수님.
정말 닮고 싶은 분이야.

베링 교수의 집

어서 들어와요.

참으로 안타까운 일입니다. 이 완벽한
이론을 강의할 수 없게 하다니요!

이렇게 몰래라도 칸트의
철학을 연구해야만 해요.

지위로 몰아붙여서 칸트의
이론을 공부할 수 없게 하다니,
총장님도 정말 너무합니다.

계속해서 학교에
건의하자고요.

조금만 기다려 보죠.
학교에서도 칸트의
이론이 잘못됐다는
것을 증명하지 못하면,
그들도 어쩔 수
없을 거예요.

1년 뒤, 마르부르크 대학교에서는 칸트 철학에 대한 금지를 모두 해제했습니다. 《순수 이성 비판》의 잘못된 점을 끝내 찾지 못했던 겁니다.

저는 포기하겠습니다. 아무리 찾아도 칸트의 이론엔 잘못된 점이 없어요.

저도 포기!

아니, 어떻게 이런 일이!

오늘부터 칸트 철학에 대한 강의 금지를 해제합니다.

하하, 내 이럴 줄 알았어! 이제야 칸트 교수님 보기 부끄럽지 않겠군.

어서 이 사실을 칸트 교수님께 알려야죠.

당장 전보를 부칩시다!

점차 시간이 지나면서 《순수 이성 비판》은 학자라면 반드시 공부해야 하는 필수 도서가 되었습니다.

칸트는 정말 시대를 대표하는 뛰어난 철학자야!

그런데 철학의 정상에 우뚝 선 칸트에게 뜻하지 않은 사건이 일어났습니다.

종교를 비판하는 책들을 하나하나 훑어보겠다는 거야.

-종교 칙령-

새로운 왕 프리드리히 빌헬름 2세가 즉위하면서 책을 하나하나 검열하겠대!

걱정이 되네요. 왕이 무슨 트집을 잡을지 모르니까요.

으......

그래도 우리는 열심히 연구하고 학생들을 가르치는 수밖에 없지 않습니까.

자, 수업을
시작해 볼까요?

칸트 총장님!
잠깐만 저 좀 봅시다!

그게 정말입니까?

왕궁에서 교수들의
강의에 첩자를
몰래 보냈다고요?

그렇습니다.
종교를 비판하는
말을 하는지
감시하려는 것
같아요.

늘 몸조심하세요.
괜히 잘못
걸려들었다가는
큰일 납니다.

괜찮을 거예요.
전 늘 사실만 이야기하니까요.
그럼 이만 수업에
들어가겠습니다.

무슨 일이 있어도 책을 쓰고 제자를
가르치는 일을 포기할 수는 없어.

수업이 잠시 중단되어
죄송합니다. 다시 수업을
시작하죠.

오늘은 지난번에
이어서 종교와
이성의 관계에 대해
이야기해 보겠어요.

종교? 이성?

저 사람은 얼굴이 낯선데,
설마 비밀경찰인가?

흐음.

예전에는 눈에 볼 수 없는 것도 이성으로
증명할 수 있다고 생각했습니다. 알고 있죠?

이성

속

속

네, 총장님.

이성이라……

프로이센 왕국은 이렇게 억압된 분위기로
흘러가고 있었습니다.

프랑스 왕은
우리의 편이
아니다!

왕과 귀족은 사치로
배를 불리고, 우리는
굶주리고 있다!

더 이상 이렇게 살 수 없다!
쳐들어가자!

같은 시기인 1789년, 프랑스에서는
'프랑스 혁명'이 일어났습니다.

국민의 생활이 얼마나 어려운지 살펴보지도
않고 사치를 부린 프랑스 왕과 귀족에 대항하기
위해서였습니다.

칸트는 프랑스 혁명을 지지하고 있었습니다.

불의에 맞선 프랑스 시민이 대단해 보이는군요.

옳은 일은 마땅히 해야 하는 겁니다. 그렇지 않습니까? 전 프랑스 시민의 용기에 박수를 보냅니다.

시민들이 스스로 참여하지 않았다면 프랑스 혁명은 일어나지 않았을 거예요.

프랑스 혁명을 통해 우리 사회도 한번 되돌아봐야 할 겁니다.

맞아요, 맞아!

뭐라고?

프랑스 혁명? 지금 반항이라도 하겠다는 거야?

세상이 점점 평등한 사회로 나아가고 있는 것 아닐까요?

우리 프로이센 왕국은 지금도 백성을 억압하고 있어요. 혁명이 일어난 프랑스가 부러워요.

기다려 봅시다. 이제 새 시대를 만들어 가려는 움직임이 일어나고 있어요.

앗, 저기…….

아무래도 비밀경찰이 와 있는 것 같습니다.

비밀경찰이라고요?

내 입을 막으려고 하는군. 난 바른말을 하려는 것뿐인데 말이야.

프랑스 혁명은 새로운 세상을 만들어 가려는 첫 발걸음이에요.

흠, 위에 보고해야 할 것 같군.

칸트의 움직임은 비밀경찰에게 철저히 감시당하고 있었습니다.

# 세상을 바꾼 철학자

'철학'이라는 말을 들으면 무엇이 떠오르나요? 어쩌면 철학이란 재미없고, 세상과 동떨어진 학문이라는 생각이 들지도 모릅니다. 하지만 철학은 세상과 깊은 관련을 맺고 있습니다. 철학은 인간과 인간을 둘러싼 세상에 대한 깊은 고민에서 출발한 것이기 때문이에요.

이번에는 임마누엘 칸트 이후의 철학에 대해 살펴볼 거예요. 근대 철학자들의 철학은 세상을 어떻게 바꿔 왔을까요?

카를 마르크스의 묘지 ⓒ Feeling My Age

### 하나  공산주의 혁명을 일으키다, 카를 마르크스

카를 마르크스(1818~1883년)는 공산주의 혁명을 이끈 철학자입니다. 마르크스는 1867년에《자본론》 1권을 펴냈는데, 이 책을 통해 어떻게 자본가가 부를 쌓아 가는지에 대해 설명했습니다. 먼저 마르크스는 노동자들이 일을 하며 인격을 잃어버리고, 기계 부품처럼 되어 버린 현실은 잘못되었다고 생각했어요. 또한 노동자들이 열심히 일해서 제품을 만들고도 정작 자신은 가질 수 없는 현실을 비판했지요. 예를 들면 고급 승용차 회사에서 일하는 직원이 평생 일해도 자신이 만든 값비싼 차를 살 수 없는 상황이 있겠지요. 마르크스는 이렇게 불평등한 사회 속에서 자본가는 배를 불리고, 노동자는 계속해서 착취를 당하게 된다고 생각했습니다. 그는 노동자들끼리 단결해 공산주의 혁명을 일으켜, 새로운 사회를 만들어야 한다고 강조했어요. 마르크스의 사상은 전 세계에 영향을 미쳤고, 소비에트 연방(최초의 사회주의 연방 국가)과 같은 사회주의 국가가 만들어지게 되었습니다.

소비에트 연방의 깃발. 마르크스의 사상은 전 세계에 공산주의 혁명을 일으켰고, 그 결과 소비에트 연방과 같은 나라가 세워졌습니다.

## 둘　민주주의 발전에 기여하다, 존 스튜어트 밀

영국의 철학자 존 스튜어트 밀(1806~1873년)은 어린 시절,
아버지로부터 철저한 가정 교육을 받으며 자라났습니다.
밀의 아버지가 아들에게 시킨 영재 교육은 수준이 매우
높았습니다. 밀은 세 살 때부터 그리스어를 배웠고, 여덟
살에는 다양한 고전 문학을 읽기 시작했으며 열여섯 살에는
신문에 자신의 사상적 견해를 담은 글을 싣기도 했어요.
가장 먼저 밀에게 큰 영향을 미친 사상은 철학자 제러미
벤담(1748~1832년)이 주장한 '공리주의'였습니다. 벤담의
사상은 '최대 다수의 최대 행복'이라는 말로 요약됩니다.
사람은 기본적으로 쾌락을 좇는 존재이며, 모두가 쾌락을
얻어서 행복한 상태에 놓여야 바람직하다는 주장이었지요.
처음에 밀은 벤담의 사상을 그대로 받아들였지만, 점차 그의
생각이 바뀌기 시작했습니다. '쾌락이 무조건 좋은 것일까?
질이 낮은 동물적 쾌락과 질이 높은 인간의 쾌락은 다르지
않을까?' 하는 생각이 들었기 때문입니다.

존 스튜어트 밀의 초상화

밀은 사회 활동과 개혁에 관심이 많았던 철학자입니다. 그는
60대에 이르러 하원 의원 선거에 출마해 정치 활동도 했지요.
밀이 노년에 쓴《자유론》에는 그의 정치 사상이 잘 드러나
있습니다. 밀은 자유를 제한하는 권력에 강하게 반대했어요.
그 당시 사람들은 정치를 하는 지배자들의 권력을 제한하기만
하면 국민의 자유를 지킬 수 있을 것이라고 생각했지만
상황은 그렇게 간단하지 않았습니다. 민주주의 사회에서
'다수결의 횡포'가 나타나기 시작했기 때문입니다. 현명한
소수의 의견이 다수의 사람들에 묻혀 제 목소리를 내지 못하는
경우가 많았습니다. 밀은 이러한 상황을 경계하면서, 누구든
자유롭게 말하고 토론할 기회를 주어야 사회가 발전할 수
있다고 강조했어요. 이렇듯 존 스튜어트 밀은 자유의 가치를
지키고, 현대 민주주의의 기본 원리를 세운 철학자입니다.

제러미 벤담의 초상화. 존 스튜어트 밀은 초기에
제러미 벤담의 '공리주의' 사상의 영향을 많이
받았습니다.

### 셋 무의식의 세계를 발견하다, 지크문트 프로이트

우리는 매일 밤 꿈을 꾸지만, 대개 말도 안 되는 황당한 꿈이라며 대수롭지 않게 넘겨 버리죠. 그런데 무의미하게 여겨지던 꿈에 큰 의미를 부여한 학자가 있습니다. 바로 오스트리아의 철학자 지크문트 프로이트(1856~1939년)예요. 프로이트는《꿈의 해석》이라는 책을 통해 꿈과 욕망의 관계에 대해 이야기했어요. 그는 평소 바깥으로 표출되지 못하고 무의식의 세계에 숨어 있던 인간의 욕망이 꿈으로 표현된다고 보았습니다.

프로이트의 주장은 당시로써는 매우 파격적이었어요. 사람들은 인간이 합리적, 이성적으로 사고하는 존재라고 굳게 믿고 있었어요. 이런 상황에서 프로이트가 나타나 인간이 통제할 수 없는 무의식에 대해 주장했으니, 모두 깜짝 놀랐지요. 프로이트는 수수께끼 같은 무의식의 세계를 과학적인 방법으로 분석하고, 비밀을 풀고자 노력했습니다. 그의 이론은 점차 주목을 받게 되었고, 미국의 〈타임〉지는 '20세기의 지적 지형을 바꾼 첫 번째 인물'로 프로이트를 꼽고 표지 인물로 선정하기도 했습니다.

프로이트의 생가 ⓒ Jiri Jurecka

프로이트 동상 ⓒ Mike Peel

## who? 지식사전

### 욕망이 실수로 나타난다고?

프로이트는 무의식 속에 숨어 있던 인간의 욕망이 실수로 나타나는 경우가 있다고 보았어요. 예를 들어, 어떤 사람이 편지를 써 놓고 서랍에 오랜 기간 넣어 두고 있었습니다. 얼마 뒤 큰 결심을 하고 우체국에 가서 편지를 부쳤어요. 그런데 며칠이 지나 편지는 '주소를 쓰지 않았다'는 딱지가 붙어서 되돌아왔습니다. 어처구니없는 실수를 한 사람은 다시 정성껏 주소를 써서 편지를 부쳤어요. 그런데 얼마 뒤, 또 편지가 돌아왔습니다. 이번에는 우표를 붙이지 않았다는 이유였지요. 이렇게 반복되는 실수를 겪고 나서야 그는 자신이 처음부터 그 편지를 보내고 싶어 하지 않았다는 것을 깨닫게 됩니다. 이렇듯 프로이트는 여러 번 반복되는 실수에는 의미가 있다고 생각했습니다.

**여성 운동의 출발점이 되다, 시몬 드 보부아르**

시몬 드 보부아르(1908~1986년)는 프랑스의 작가이자
사상가, 사회 운동가예요. 그는 1949년에 《제2의 성》이라는
책을 펴냈어요. 여기에서 '제2의 성'은 여성을 가리키는
말인데, 보부아르는 이 책을 통해 서양 문화에서 여성 존재에
대한 자신의 생각을 드러냈지요. 그는 "여성은 여성으로
태어나는 것이 아니라 만들어지는 것"이라고 주장했습니다.
보부아르가 살았던 당시에 여성은 지금보다도 더
억압받으며 살아가고 있었습니다. 여성이 제 목소리를
내려고 하면 '여자답지 못하다'며 비난받기 일쑤였고,
여성은 남성에게 종속되는 것이 당연하다고 여겨졌습니다.
보부아르는 지금껏 여성이 겪어 온 폭력에 대해 밝히며,
사회가 변화해야 한다고 주장했지요. 전 세계의 여성이
보부아르의 주장에 공감했고, 곧 사회 변화의 움직임이
일어났습니다. 1972년 5월 13일, 프랑스 파리에 5천여
명의 여성이 모여 여성 차별 문제를 해결해야 한다고
외쳤습니다. 보부아르도 이 시위에 참가했습니다.
보부아르는 사회의 불의에 저항하고 시위에 참여한,
행동하는 지성인이었습니다.

시몬 드 보부아르는 프랑스의 작가이자
사상가입니다. ⓒ Moshe Milner

보부아르의 책 《제2의 성》의 초판본 표지

## 시몬 드 보부아르와 장 폴 사르트르

시몬 드 보부아르는 실존주의 철학자 장 폴 사르트르(1905~1980년)와 연인 사이였던
것으로도 유명합니다. '실존주의'란 개인의 주체적인 선택을 강조하는 철학 사조(사상의
흐름)를 말해요. 사르트르는 사물과 사람의 차이점을 '본질'로 설명했어요. 예를 들어 연필과
같은 사물은 글을 쓰기 위한 도구입니다. 즉, 연필의 본질은 '글을 쓰기 위한 것'이 되지요.
하지만 인간에게는 원래부터 정해진 본질이 없습니다. 그러니 인간 스스로가 어떻게 삶을
선택하고 살아가는지가 중요하지요. 사르트르는 이러한 철학을 담은 소설 《구토》와 자서전
《말》 등을 펴냈어요.

장 폴 사르트르

# 7 행복한 철학자

뭐? 칸트가 프랑스 혁명을 긍정적으로 평가했다고?

그렇습니다. 프랑스 혁명은 잘못된 사회를 바꿔 나가려는 것이랍니다.

프랑스 혁명! 그건 시민이 '나 이제 못 살겠다'고 들고 일어난 거야. 지금 그들이 감히 왕을 위협하고 있다고!

그대로 두면 큰일 날 것 같습니다. 프랑스 혁명의 영향이 프로이센까지 미칠지도 몰라요.

칸트를 잡아들일까요?

흠, 그건 아니야.

칸트는 이미 전 세계적으로 유명한 철학자가 됐네. 괜히 잡아들였다간 반발만 사지.

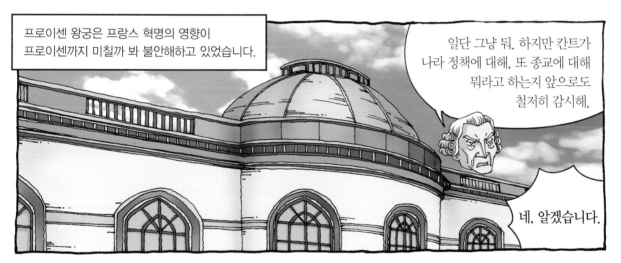

프로이센 왕궁은 프랑스 혁명의 영향이 프로이센까지 미칠까 봐 불안해하고 있었습니다.

일단 그냥 둬. 하지만 칸트가 나라 정책에 대해, 또 종교에 대해 뭐라고 하는지 앞으로도 철저히 감시해.

네, 알겠습니다.

그즈음 칸트는 《순수 이성 비판》 외에도 《실천 이성 비판》, 《판단력 비판》을 내며 철학계의 *거장으로 우뚝 서 있었습니다.

* 거장: 특정 분야에서 특히 뛰어난 사람

프로이센 왕은 더욱더 불안해지기 시작했습니다.

이게 말이 돼? 프랑스의 왕이 처형됐다고!

이대로 두면 안 되겠어! 우리나라 백성이 보고 배우지 않도록 철저히 감시해야지!

후유.

그나저나 칸트가 또 새로운 책을 냈다고 합니다.

뭐? 칸트가?

헉

투쟁? 지금 싸우겠다는 거야, 뭐야!

KANT

세상사의 통치를 위한 좋은 원칙과 나쁜 원칙의 투쟁

프랑스 혁명을 찬양하질 않나, 종교를 비판하는 책을 내지를 않나. 요즘 칸트가 수상합니다.

더군다나 이 책은 왕의 정책에 대해 의문을 갖게 할 수 있어요.

금지, 금지! 당장 출판 금지시켜!

내 책을
출판하지 못하게
됐다고요?

어쩔 수 없어요.
왕의 명령이라서요.

이럴 순 없어요.
내가 당장 국왕을
찾아봬야겠어요.

허허, 자꾸 이러시면
제아무리 칸트 교수님이라도
어쩔 수 없습니다!

이봐, 무례하게 굴지 마.
상대는 칸트 교수님이야.

그럼 저희는
이만 가 보겠습니다.

이미 결정 난 사항이니,
그렇게 알라고요!

아아, 어떻게
이런 일이……

이대로 멈출 수는 없어. 나는 나의 길을 가야만 해.

벌떡

그래, 그 누가 날 막아도 연구를 멈출 수 없어. 난 멈추지 않을 거야!

그 뒤로도 칸트는 종교와 인간의 권리에 대해 다룬 글을 국왕의 허락을 받지 않고 잡지에 싣기도 했습니다.

칸트의 새로운 글이래.

그래? 어디 보자!

나도, 나도!

반짝 빛나는 저 별이 어머니께서 말씀하신 시리우스인가?

나 자신에게 부끄럽지 않도록 나는 나의 길을 계속 갈 수밖에 없어.

벌써 아침인가.

앞이 보이지 않을 정도로 비가 쏟아지는군. 그래도 강의에 늦을 수는 없지.

당신은 누구죠?

칸트 교수님! 저는 교수님을 존경하는 사람입니다.

시간이 없으니 요건만 말씀드리겠습니다. 지금 왕께서 칸트 교수님을 감시하고 있습니다. 이러다가 정말 큰일이 일어날지도 모릅니다.

그렇다고 해도
내가 뭘 어쩌겠는가.

스스로를 지키셔야
합니다.

교수님, 부디
몸조심하세요.

검열은 더욱더 심해졌습니다. 그러나 칸트는
논문 쓰는 일을 멈추지 않았습니다.

오늘날 종교의 문제점에 대해
짚어 봐야겠어. 종교가 이대로
나아간다면 분명 '사랑'을
잃어버릴 거야.

종교에 대해서
이야기하는 게
위험할지라도
어쩔 수 없어.

이제 드디어
마무리되었군.

탁

탁

논문이 발표되자마자 왕궁과 학계는
발칵 뒤집혔습니다.

폐하,
안 됩니다!

감히 종교를 비판해?
당장 칸트의 관직을 빼앗고
그를 잡아들여라!

뭐야? 안 돼?

칸트는 이제 유럽을 대표하는
철학자입니다. 그를 잡아들이면,
전 세계가 들썩일 겁니다.

끙, 그럼 도대체
어쩌란 말이냐?

제게 묘책이 있습니다.
이렇게 하시지요.

속닥

속닥

오오, 그렇게 하라!

흠, 여기가
칸트 교수님 집이군.

국왕을 가까이에서 모시는 분이
누추한 이곳까지는 웬일이시오.

아, 홍차 맛이 남다르군요.
차를 좀 마시고 이야기
나눌까요?

이제는 나라에서 사람이
찾아오면 불안하기부터
하니, 이거야 원……

사실 지금 상황이
긴박하게 돌아가고
있습니다.

긴박? 긴박하다면
국왕이 나의 목을
치기라도 한단
말이오?

못할 것도 없지요.

흐음.

하지만 이 세상 어디에도 그것을 원하는 사람은 없을 것입니다. 저도 칸트 교수님을 지키기 위해 많이 노력했습니다.

내가 뭘 어떻게 해야 하겠소.

곧 왕의 *견책이 떨어질 것입니다.

날 나무라겠다는 것이로군.

그렇습니다. 이제 칸트 교수님께서 하실 일이 남아 있습니다.

견책이 떨어지고 난 뒤, 종교와 관련된 글을 쓰는 건 삼가 주십시오.

글을 쓰지 말라······.

*견책: 신하의 잘못을 꾸짖고 앞으로 그런 일이 없도록 주의를 주는 가장 가벼운 징계 처분

만약 거절한다면?
그럼 어찌 되겠소?

돌이킬 수 없는 일이 벌어질 것입니다. 교수님의 강의를 듣고 싶어 하는 수많은 사람들이 있다는 것을 잊지 마십시오.

아아…….
어쩔 수 없는 상황이 기어이 오고야 말았어. 이 일을 어찌한단 말인가.

시간을 주시게.
생각해 보겠소.

교수님, 꼭 제 말을 들으셔야 합니다.

후유.

부디 칸트 교수님이 내 말을 들어주어야 할 텐데…….

그러게 말입니다.

어서 왕궁으로 출발하게. 할 일이 아주 많아.

알겠습니다. 이랴!

두

두

두

얼마 뒤, 칸트에게 협박과도 같은 견책이 내려졌습니다.

폐하의 견책이오.

칸트 같은 대학자를 꾸짖다니, 왕이지만 너무한 거 아냐?

쉿! 쉿! 입조심 하라고!

만약 계속해서 반항한다면, 법대로 하는 수밖에 없습니다. 알겠죠?

고민 끝에 칸트는 종교와 관련된 글을 쓰지 않겠다고 공식적으로 선언했습니다.

국왕의 말씀을 받아들여, 종교와 관련된 글을 절대 쓰지 않겠습니다.

어서 타십시오.

아, 아니네. 걸어가겠네.

나는 괜찮네.

이렇게 내 양심을 저버리고 살아야 하는군.

내 목숨을 유지하기 위해, 내 입을 스스로 막은 거야……

집으로 돌아온 칸트는 죄책감에 마음이 괴로웠습니다.

철학자는 세상의 진리를 추구하는 사람이야. 나는 지금껏 그 진리를 찾기 위해 살아왔어.

이 논문에는 나의 진심이, 내 전부가 담겨 있어.

그런데 난 이제 진리를 말할 수 없어. 단지 나의 목숨을 유지하겠단 이유로…….

프랑스 시민은 목숨을 걸고 자신의 이야기를 하는데, 나는 왜 이리 비겁한가! 난 철학자가 아니야. 내 목소리를 낼 수 없는 비겁한 인간일 뿐이야.

칸트는 양심의 가책 때문에 한참을 괴로워했습니다.

그러는 사이 칸트의 건강은 조금씩 악화되어 가고 있었습니다.

콜 록

콜 록

부쩍 건강이 나빠지셨어. 이러다가 정말 큰일 나겠어……

그러던 어느 날

칸트 교수님! 교수님!

국왕이 돌아가셨어요!

벌 컥

프리드리히 빌헬름 2세가?

이제 교수님께서 자유롭게 연구하실 수 있게 됐어요!

아아!

이후 칸트는 힘이 남아 있는 그 순간까지 끊임없이 논문을 쓰고 책을 발표했습니다.

칸트는 1800년을 끝으로 모든 저술 활동을 멈췄습니다. 건강이 나빠졌기 때문입니다.

글이, 글이 보이지 않아…….

교수님, 계십니까?

끼익…

자네는?

저, 절 알아보십니까?

물론이에요.
용감한 당신을 어떻게
잊어버립니까.

교수님은 지금 아무것도
볼 수 없는 상태입니다.

어떻게
이런 일이…….

당신 덕분에 내가 살았네.
내가 어찌 당신을 잊겠나.

아…

저 하늘을 보게.
천사가 와 있구먼.

저 천사들을 보게.
아름다운 아이들을…….

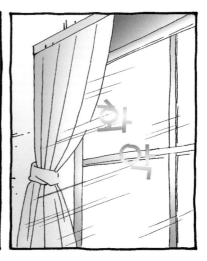

참 좋다!

임마누엘 칸트는 1804년 2월 12일 새벽 4시, 여든 살의 나이로 "참 좋다."는 말을 마지막으로 평범하게 세상을 떠났습니다.

칸트가 죽었다는 소식은 곧 나라 전체에 퍼져 나갔습니다. 화창하게 맑은 날의 일이었습니다.

어?

온 나라가 칸트의 죽음을 애도했으며, 수많은 사람들이 거리로 나와 칸트의 마지막을 함께했습니다.

칸트는 그의 저서 《순수 이성 비판》을 통해 서구의 철학사를 비판적으로 정리했고, 새로운 학문으로 걸어 나갈 수 있는 나침반을 제시해 주었습니다.

이것은 철학의 틀을 바꾼 혁명이었습니다. 칸트의 철학은 후기의 거의 모든 철학에 영향을 미쳤다고 해도 지나친 말이 아닙니다.

죽어도 죽지 않는 칸트

임마누엘 칸트의 철학을 흔히들 '비판 철학'이라고 합니다. 칸트는 당시 이성을 중요하게 여기는 '합리론'과 경험을 더 중요시하는 '경험론'을 모두 비판적으로 바라보았고, 둘을 종합했습니다. 그는 교회의 권위에 바탕을 둔 구시대의 권위를 깨고, 인간의 능력을 강조한 계몽주의자였습니다.

철학 연구를 위해 살아생전 온 힘을 쏟았던 철학자 칸트. 철학과 함께라면 행복했던 그의 학문은 여전히 우리의 곁에서 우리의 정신을 풍요롭게 만들어 주고 있습니다.

who? 와 함께라면 미래가 보인다

# 어린이
# 진로 탐색

**철학자**

어린이 친구들 안녕?
**임마누엘 칸트** 이야기 재미있게 읽었나요?

그렇다면 이제부터
**임마누엘 칸트**가 꿈을 키워가는 과정을 함께 되짚어 보며
그가 활동한 분야와 그 분야에 속한 다양한 직업에 대해
살펴봐요!

또한 여러분에게는 어떤 장점과 적성, 가능성이
숨어 있는지 찾아보면서
그것을 어떻게 진로와 연결시킬 수 있는지에 대해서도
알아봅시다!

그럼 지금부터
여러분이 멋진 꿈을 향해 나아갈 수 있도록 도와줄
진로 탐색을 시작해 볼까요?

자기 이해부터
진로 체험까지,
다양한 진로 탐색
활동을 시작해 봐요!

진로
탐색
STEP 1

# 철학자에게 필요한 자질

임마누엘 칸트는 책을 읽는 것을 좋아했고, 공부를 해서 새로운 지식을 얻게 되는 것도 즐거워했어요. 또한 누구도 생각하지 못했던 자신만의 철학 이론을 만들기 위해서 하루도 빼놓지 않고 연구를 하는 성실함도 갖추었답니다. 그 결과 서양 근대 철학사에 큰 획을 긋는 위대한 철학자가 될 수 있었지요. 이외에도 철학자가 되기 위해서는 어떤 자질이 필요할까요?

＊ 다음은 철학자에게 필요한 자질이에요. 여러분은 어디에 해당하는지 ○표를 해 보세요.

책을 읽는 것을 좋아하나요?

공부를 하면서 즐거움을 느끼나요?

다른 사람의 생각을 비판하면서 받아들이나요?

오랜 시간 성실하게 꾸준히 연구할 수 있나요?

다른 사람과 생각을 나누는 토론을 좋아하나요?

＊ 그 외에 철학자가 되기 위해 필요한 자질에는 어떤 것이 있나요?

--------------------------------------------------

--------------------------------------------------

--------------------------------------------------

182

# 내 마음속의 도덕 법칙

칸트는 어렸을 때부터 옳지 못한 일을 보면 그냥 넘어가지 않았어요. 항상 이것이 맞는지 질문하고 이해하려고 노력했지요. 칸트는 이후 《실천 이성 비판》이라는 책을 통해 칭찬을 바라거나 되돌아올 이익을 생각하지 않고 선하게 행동하는 것이 절대적인 도덕 법칙이라고 했어요.

여러분이 생각하는 꼭 지켜야 하는 절대적인 도덕 법칙은 무엇인가요? 그 이유도 함께 적어 보세요.

| 내가 생각하는 절대적인 도덕 법칙 | 꼭 지켜야 하는 이유 |
| --- | --- |
| 예 약속은 꼭 지켜야 해요. 지키지 못할 약속이라면 처음부터 못하겠다고 이야기해야 해요. | 예 약속을 해놓고 나중에 지키지 못하면 상대방이 곤란해지고, 서로에 대한 믿음도 깨질 거예요. |
| | |
| | |

진로
탐색
STEP 3

# 내가 아는 철학자

철학자는 사물의 근원이나 현상, 삶의 의미 등을 연구하고, 인류가 어떻게 살아가야
옳은지 등을 탐구해요. 여러분이 가장 관심이 가는 철학자에 대해 좀 더 알아보세요.
그 철학자가 어떤 생각을 갖고 있었는지, 사회에 어떤 영향을 미쳤는지 알아보고,
그에 대한 여러분의 생각도 함께 적어 보세요.

---

**소크라테스**

**어떤 사상을 펼쳤나요?**
자신이 알고 있는 것이 다가 아니며, 모르는 것이 많다는 것을 깨닫는
것이 중요하다고 했어요. 그리고 제자들이 질문을 통해 스스로
생각하고 깨닫게 했어요.

**사회에 어떤 영향을 미쳤나요?**
토론과 고민을 통해 생각을 나누고 지식을 쌓아 가는 서양식 교육의
토대가 되었어요.

**철학자의 생각에 대한 나의 생각은 어떠한가요?**

---

---

---

**철학자 이름:**

---

**어떤 사상을 펼쳤나요?**

---

**사회에 어떤 영향을 미쳤나요?**

---

**철학자의 생각에 대한 나의 생각은 어떠한가요?**

---

---

# 철학자의 하루!

칸트는 자기관리가 철저하고 시간을 꼭 지키는 사람이었어요. 규칙적인 생활에서
오는 건강함이 연구에 좋은 영향을 미친다는 것을 알기 때문이었죠. 그래서 공부를
하는 시간, 차를 마시는 시간, 산책을 하는 시간 등을 정해 놓고 늘 지켰습니다.
여러분도 철학자로서의 목표를 세우고, 목표를 이루기 위해서 어떤 생활을 할
것인지에 대해서 상상해 보세요. 어느새 철학자가 된 나의 모습을 그려 볼 수 있을
거예요.

나의 목표 : _____

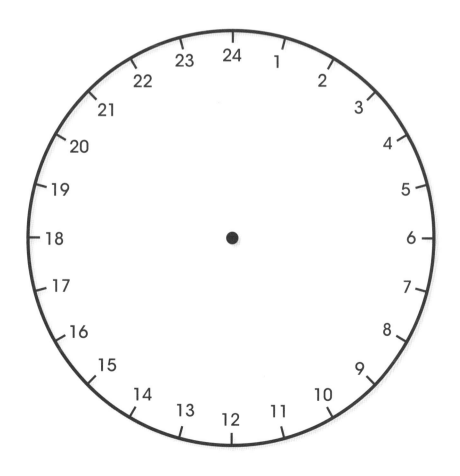

# 철학자처럼 생각해요

칸트는 이성을 통해 얻은 지식과 진리를 중요하게 여기는 '합리론'과 경험을 통해 얻은 지식과 진리를 더 중요시하는 '경험론'이라는 반대되는 두 철학 사상을 모두 비판하면서 둘을 종합한 새로운 철학 사상을 만들어 냈어요. 한 가지 주제에 대한 여러 가지 생각을 듣고 자신의 생각을 만들어 내는 직업이 바로 철학자이지요. 다음의 대화를 읽고, 철학자처럼 자신의 생각을 적어 보세요.

**선생님**: 여러분, 인간의 이성이 무엇인지 알고 있죠?

**지민**: 네. 인간은 이성이 있어서 동물과는 달리 깊게 사고하고 판단할 수 있어요. 인간의 이성을 통해 우리는 덧셈과 뺄셈을 하고, 논리적으로 사고할 수 있지요.

**선생님**: 그럼 이성으로 무엇이든 알 수 있을까요?

**지민**: 인간의 이성을 통해 알 수 없는 것이란 이 세상에 없어요.

**철민**: 그렇다고 귀신이 존재하는지 아닌지 이성으로 알 수는 없어요.

**지민**: 아니에요. 이성적으로 생각하고, 논리적으로 따지면 귀신이 있는지 없는지도 알 수 있을 거예요.

**선생님**: 그래요? 다른 친구들은 어떻게 생각하나요?

**나**:
-------------------------------------

-------------------------------------

-------------------------------------

-------------------------------------

# 우리나라의 철학 사상을 배울 수 있는 실학박물관

서양 철학이 사회의 상황에 따라 끊임없이 변한 것과 같이, 우리나라에서도 오래전부터 인간과 사회의 근원과 진리를 탐구하는 철학이 발전했어요. 특히 조선 후기 철학 사상인 실학은 사회의 잘못된 점을 지적하며 당시 사회에 많은 영향을 미쳤답니다.

실학은 조선 시대 후기인 17~18세기에 정약용, 박지원, 박제가 등을 통해 연구된 학문이에요. 조선 후기에 나라가 혼란스러울 때 등장한 실학은 백성을 괴롭히는 관리의 태도나 잘못된 사회 제도를 비판하고 백성의 삶에 도움이 되는 철학과 기술에 대해 연구했어요. 실학자들은 서양의 과학 기술을 받아들이고, 사회의 여러 문제들을 해결할 수 있는 방법을 고민했어요. 그중에서도 정약용은 실학을 다양한 분야에 적용시켜 발전시킨 학자로 평가받습니다.

정약용의 고향인 경기도 남양주시에는 우리나라에서 꽃피운 철학 사상인 실학에 대해 자세히 알 수 있는 실학박물관이 있어요. 실학박물관에서는 실학이 탄생한 배경이 되는 조선 시대의 사회 모습과 서양의 학문과 기술이 우리나라에 들어온 과정, 실학의 이념, 당시 실학을 통해 어떤 발전이 있었는지 등을 유물과 자료를 통해 살펴볼 수 있지요.

이외에도 주제에 따라 실학에 대해서 알 수 있는 특별전시실이 있으며, 정해진 시간에 가면 전시 해설을 들을 수도 있답니다.

실학박물관은 경기도 남양주시에 위치해 있습니다.

# 임마누엘 칸트

| | | |
|---|---|---|
| 1724년 | | 4월 22일, 프로이센의 쾨니히스베르크에서 태어납니다. |
| 1732년 | 8세 | 프리데릭 대학 준비 학교(오늘날의 김나지움)에 입학합니다. |
| 1737년 | 13세 | 임마누엘 칸트의 어머니가 장티푸스에 걸려 세상을 떠났습니다. |
| 1740년 | 16세 | 쾨니히스베르크 대학교 철학부에 진학하여 마르틴 크누첸 교수의 영향을 크게 받습니다. |
| 1746년 | 22세 | 아버지가 돌아가시고, 칸트의 집안은 더욱더 가난해졌습니다. 같은 해에 대학을 졸업합니다. |
| 1747년 | 23세 | 가정 교사 생활을 시작합니다. 이때 자연 과학, 철학 등 다양한 방면에 지식을 쌓아 갔습니다. |
| 1755년 | 31세 | 〈형이상학적 인식의 제1원리의 새로운 해명〉이라는 논문을 써서 교수 자격을 받습니다. 같은 해 쾨니히스베르크 대학교의 사강사(지금의 대학 강사)로 일합니다. |
| 1756년 | 32세 | 쾨니히스베르크 대학교의 철학부 교수에 지원하지만, 나라로부터 거절당합니다. |

| | | |
|---|---|---|
| 1762년 | 38세 | 루소의 《에밀》에 큰 감동을 받고, 인간을 존중하는 철학을 연구해야겠다고 다짐합니다. |
| 1770년 | 46세 | 쾨니히스베르크 대학교의 정교수로 취임합니다. |
| 1778년 | 54세 | 국무 대신 체틀리츠 장관으로부터 할레 대학으로 오라는 제의를 받지만, 거절합니다. |
| 1781년 | 57세 | 인간 이성의 한계에 대해 짚은 《순수 이성 비판》을 출간합니다. |
| 1788년 | 64세 | 《실천 이성 비판》을 출간합니다. |
| 1790년 | 66세 | 《판단력 비판》을 출간했습니다. |
| 1794년 | 70세 | 프리드리히 빌헬름 2세가 종교와 관련된 글의 집필 금지령을 내립니다. |
| 1798년 | 74세 | 프리드리히 빌헬름 3세가 즉위하면서 금지령이 해제됩니다. 건강이 점차 쇠약해집니다. |
| 1804년 | 80세 | 세상을 떠납니다. |

찾아
보기

# who? 한국사

## 초등 역사 공부의 첫 단추! '인물'을 알아야 시대가 보인다

● 선사·삼국    ● 남북국    ● 고려    ● 조선

※ who? 한국사(전 47권) | 대상 초등학교 전 학년 | 책 크기 188×255 | 각 권 페이지 190쪽 내외

# who? 인물 중국사

## 인물로 배우는 최고의 역사 이야기

※ who? 인물 중국사(전 30권) | 대상 초등학교 전 학년 | 책 크기 188×255 | 각 권 페이지 190쪽 내외

# who? 아티스트

## 최고의 명작을 탄생시킨 아티스트들을 만나다

● 문화·예술·언론·스포츠

※ who? 아티스트(전 40권) | 대상 초등학교 전 학년 | 책 크기 188×255 | 각 권 페이지 190쪽 내외

# who? 인물 사이언스

**기술로 세상을 발전시킨 과학자들의 이야기**

**※ who? 인물 사이언스 (전 40권) | 대상 초등학교 전 학년 | 책 크기 188×255 | 각 권 페이지 180쪽 내외**

# who? 세계 인물

**세상을 바꾼 위대한 인물들의 이야기**

**※ who? 세계 인물 (전 40권) | 대상 초등학교 전 학년 | 책 크기 188×255 | 각 권 페이지 180쪽 내외**

# who? 스페셜 · K-pop

**아이들이 가장 만나고 싶고, 닮고 싶은 현대 인물 이야기**

**※ who? 스페셜 · K-pop | 대상 초등학교 전 학년 | 책 크기 188×255 | 각 권 페이지 190쪽 내외**